하루 한 봉지씩
뜯어 보는
독서라면

5·18민주화운동을
묻는 십대에게

하루 한 봉지씩 뜯어 보는 독서 라면

5·18 민주화운동을 묻는 십대에게

세상을묻는십대

초판 1쇄 발행 2022년 5월 8일
초판 3쇄 발행 2024년 11월 10일

글쓴이   오승현
그린이   이시누
펴낸이   이영선
책임편집 김영아

편집   이일규 김선정 김문정 김종훈 이민재 이현정
디자인   김회량 위수연
독자본부 김일신 손미경 정혜영 김연수 김민수 박정래 김인환

펴낸곳 서해문집 | 출판등록 1989년 3월 16일(제406-2005-000047호)
주소 경기도 파주시 광인사길 217(파주출판도시)
전화 (031)955-7470 | 팩스 (031)955-7469
홈페이지 www.booksea.co.kr | 이메일 shmj21@hanmail.net

ISBN 979-11-92085-23-4 43910

하루 한 봉지씩
뜯어 보는
독서 라면

5·18민주화운동을
묻는 십대에게

오승현 글
이시누 그림

서해문집

글 작가의 말

나는 십대를 광주에서 보냈다. 열한 살부터 열아홉 살까지. 언젠가 '광주'에 대한 글을 쓰고 싶었다. 선거 때마다 호남과 영남의 몰표를 똑같이 비평하는 말을 듣게 된다. '그 둘을 같은 저울에 놓고 비판하는 게 과연 온당할까?' 이 책은 그러한 의문에서 시작됐다. 호남의 몰표는 1980년에 광주가 흘린 피와 그 피로 지키고자 한 민주주의를 기억하는 행위다. 이 땅에 민주주의가 강물처럼 흐르기 전까지 5·18은 끝나지 않을 것이다.

최고의 라면에 도전하라!
현대사를 공부하는 가장 맛있는 방법!
역사를 보는 새로운 시각!

"이제는 지식도 끓여 먹는다."
"역사 공부는 사실 라면 끓이는 것과 같아.
끓이는 사람에 따라 라면 맛이 달라지듯,
역사도 사람에 따라 다르게 다가오지."
"어른들이 끓이지 못한 독서 라면,
지금부터 우리가 끓일게요!"

#끓는 물에 면과 분말수프 넣기
터져나오는 민주화 요구

#펄펄 끓이기
모두가 하나되어

#끓인 라면으로 차린 미완성 식탁
마르지 않는 5월 정신

우리는
어디서
왔을까?

변한 것과 변하지 않은 것

최고의 시절이자 최악의 시절이었고, 지혜의 시대이자 어리석음의 시대였으며, 믿음의 시대이자 믿기지 않는 시대였다. 빛의 계절이자 어둠의 계절이었고, 희망의 봄이자 절망의 겨울이었다.

-찰스 디킨스, 《두 도시 이야기》, 1859

5·18 민주화 운동(이하 5·18)이 일어난 대한민국의 1980년이 정확히 저렇지 않았을까? 민주화의 열망으로 들뜬 빛의 계절이자 학살과 살육이 벌어진 어둠의 계절이었다. 1980년과

1980년대는 모순의 시대였다. 그 시대의 한복판에서 발생한 5·18은 처음에는 제대로 된 이름조차 없었다. 가장 널리 불린 이름은 '광주 사태'였다. 광주 사태라는 말로 표현된 5·18은 무장한 폭도가 군경을 상대로 폭력을 저지르고 공공질서를 파괴하는 소요나 폭동에 지나지 않았다.

17년이 흐른 1997년에야 광주 사태로 불리던 5·18은 '5·18 민주화 운동'이라는 이름을 얻었다. 이제 5월 18일은 국가 기념일로 지정돼 추모 행사가 열리는 날이 됐다. 투쟁 기록은 유네스코 세계 기록 유산으로 등재되어 역사적 가치를 인정받았다. 2001년에는 관련 피해자가 민주화 유공자로 승격됐다. 문재인 정부는 헌법 전문에 5·18 정신을 담겠다는 의지도 밝혔으나 개헌이 무산되면서 실현되진 못했다. 이렇게만 보면 많은 것이 변한 듯하다.

그러나 여전히 변하지 않은 것도 많다. 시민을 향한 집단 발포를 명령한 책임자가 누구인지, 암매장된 시신은 어디에 묻혀 있는지, 행방불명자가 얼마나 되는지 등은 여전히 밝혀지지 않았다. 또한 일부에선 5·18 유공자를 조롱하고 북한의 특수부대가 5·18을 일으켰다는 왜곡을 서슴지 않는다. 무지와 몰상식에서 비롯한 역사 왜곡이자 피해자 모독이다. 1987년 6월 민주 항쟁 이전까지 5·18에 대한 왜곡은 계속됐고, 지금까지도 그 후유증이 남아 있는 것이다.

현대사에서 5·18만큼 용어나 의미 변화를 많이 겪은 사건도 드물지 않을까? 5·18은 시대에 따라 변화무쌍한 변천을 겪었다. 5·18을 규정하는 명칭은 '소요', '폭동', '사태', '항쟁', '민중 항쟁', '민주화 운동' 등으로 바뀌었다. 1980년대가 이율배반의 시대였던 만큼 그 시대에 왜곡된 5·18의 의미도 180도 바뀌었다. 그것은 거짓이 벗겨지고 진실이 드러나는 과정이었다. 5·18에 대한 왜곡과 조롱은 1980년대에서 한 발짝도 벗어나지 못한 역사의식을 보여준다.

보이는 것과 보이지 않는 것

대한민국에서 노동자는 주 5일 일한다. 그런데 주 5일 근무는 거저 주어진 게 아니라, 노동자의 끈질긴 요구로 주어진 것이다. 5월 1일을 '노동절'이라고 한다. 1888년 미국 시카고의 노동자들이 하루 여덟 시간 노동을 얻기 위해 벌인 투쟁을 기념하는 날이다. 시카고 노동자들은 경찰의 총탄에 쓰러졌다. 그러니까 그들이 흘린 피 덕분에 우리가 하루 여덟 시간을 노동할 수 있게 된 것이다. 우리 눈에 잘 보이지는 않지만.

그것이 세상이 진보하는 방식이다. 주머니 속 송곳처럼 도드라진 누군가 문제를 제기한다. 대부분은 거들떠보지도 않는다. 그러나 소수지만 송곳 같은 사람들이 힘을 합친다. 그들의 목소리가 조금씩 커지다 결국 사회가 반응하게 된다. 우리가 누리는 자유와 권리는 모두 그런 과정을 거쳐 주어진 것이다. 역사의 진보는 느리다. 느리지만 결국 나아간다.

지금 우리는 자유롭게 말할 권리, 그렇게 해도 처벌받지 않을 자유를 지극히 당연하게 여긴다. 우리가 당연하게 누리는 권리와 자유는 저절로 당연해진 게 아니다. 거기에는 당연한 것이 당연하지 않았던 과거가 스며들어 있고, 당연하지 않은 것을 당연하게 만들기 위해 흘렸던 피와 땀이 서려 있다. '민주주의는 피를 먹고 자란다.' 보이는 것 너머에는 보이지 않는 것이 있다. 언론의 자유, 표현의 자유를 누릴 수 있는 것은 보이지 않는 희생 덕분이다.

대한민국은 1980년 광주에서 피 흘린 시민 덕분에 자유와 민주주의를 누리고 있다. 5·18을 왜곡하고 모독하는 사람들 또한 광주의 희생 덕분에 오늘날 자유롭게 말할 수 있다. 그러니 '5월 광주'를 욕보일 게 아니라 감사해야 한다. 5·18에 대한 진상 규명(발포 책임자 규명, 암매장 시신 발굴 등)은 더 이뤄져야 하지만, 그 사건에 대한 역사적 평가는 이미 끝났다. "어리석은 자는 경험에서 배우고 현명한 자는 역사에서 배운다." 독일의 정치가 비스마르크가 한 말이다. 잘못된 역사로부터 아무것도 배우지 못한 사람은 잘못된 역사를 다시 살 수밖에 없다.

유신 시대

전무후무한 권력자

대한민국의 제5대, 6대, 7대, 8대, 9대 대통령이 누구일까? 박정희였다. 박정희는 1960년 4·19 혁명으로 수립된 제2공화국을 군사 쿠데타(무력으로 정권을 빼앗음)로 무너뜨렸다. 이후무려 18년간 집권했다. 그 기간에 헌법을 세 번이나 고쳤다. 모두 자신의 집권을 연장하기 위한 개헌이었다. 헌법은 한 국가의 기본 통치 이념과 운영 방법을 담은 최상위법이다. 그런최상위법을 오로지 자기 권력욕을 위해 뒤집고 짓밟았다.

유신헌법을 선포하기 전해인 1971년, 박정희는 3선에 도전했다. 1969년에 3선이 불가능한 헌법을 제멋대로 바꾼 덕분이었다. 3선 개헌은 절대 하지 않겠다는 약속을 하고 먼젓번 선거에서 대통령에 당선됐는데도 말이다. 1차에 한해 중임(거듭 그 자리에 머묾)이 된다는 기존의 헌법으로는 대통령이 될 수 없어서 3선 개헌을 단행했다.

오늘 이 자리에서 여러분에게 분명히 말씀드리거니와 내가 이 자리에 나와서 여러분에게 나를 대통령으로 한 번 뽑아주십사 하는 정치 연설은 오늘 이 기회가 마지막 연설이라는 것을 확실히 말씀드립니다.

-1971년 4월 25일, 박정희 후보 유세

이번이 마지막 집권이라는 연설 내용이었다. 대통령 선거에서 박정희는 김대중의 거센 도전을 받아 상당히 고전했다. 박정희는 근소한 차이로 승리를 거뒀다. 1972년 10월 17일 저녁 7시, 박정희는 특별 선언을 발표했다. "민족사의 진운을 영예롭게 개척해 나가기 위한 중대한 결심"을 내렸다며 '유신 헌법'을 발표했다. 5·16 쿠데타로 집권한 지 11년 5개월이 지난

시점이었다.

박정희는 1972년 10월 17일에 '10월 유신'을 선포하고, 11월 21일에는 국민 투표를 실시했다. 유신 헌법이 확정되면서 대통령을 직접 뽑던 국민들은 간접 선거를 지켜봐야 했다. 박정희는 1972년 장충체육관에서 열린 첫 체육관 선거에서 홀로 입후보하여 2359명의 대의원 중 2357표(두 표 무효)를 얻어 임기가 6년으로 늘어난 대통령에 당선됐다. 일명 '체육관 대통령'의 탄생이었다. 그리고 12월 27일 제8대 대통령으로 취임했다. 제4공화국의 출범이었다. 제4공화국은 "10월 유신, 100억 불 수출, 1000불 소득"이라는 구호와 함께 시작됐다.

피슝슝

유신이라는
이름은
어디에서?

유신(維新)은 '낡은 제도를 고쳐 새롭게 한다'는 뜻이다. 일본의 메이지 유신에서 따왔다. 박정희는 《국가와 혁명과 나》(1963)에서 작은 섬나라 일본이 "명치유신(메이지 유신)이란 혁명 과정을 겪고 난 지 10년 내외에는, 일약 극동의 강국으로 등장하지 않았던가. 실로 아시아의 경이요, 기적이 아닐 수 없다"라고 썼다. 또 "금후(이후) 우리의 혁명 수행에 많은 참고가 될 것은 부정할 수 없"다고도 했다.

독재의 겨울

유신 헌법으로 박정희의 종신 집권은 완성됐다. 유신 헌법에는 대통령 연임에 대한 제한 규정이 없었다(제47조). 즉 대통령을 수십 번이라도 계속할 수 있었다. 또한 대통령이 의장인 '통일주체국민회의'가 대통령을 선출하도록 규정했다(제39조). 곧 영구 집권의 길을 연 것이다. 박정희는 죽을 때까지 권좌에서 물러나지 않게 됐다. "한 번 뽑아주십사 하는 정치 연설"이 마지막이라고 약속하며 더는 대통령에 도전하지 않겠다고 했는데, 거짓말이었던 것이다.

유신 헌법은 또한 대통령에게 무소불위의 권력을 보장했다. 유신 헌법은 대통령이 국회의원의 3분의 1을 임명하도록 했다(제40조). 민주주의 국가에서는 입법, 사법, 행정 3권을 분리해 상호 견제하도록 한다. 권력의 집중을 막기 위한 장치다. 그러나 유신 헌법은 3권 분립 원칙을 무너뜨리고 대통령에게 권력을 집중했다.

비판 세력을 제압할 막강한 수단도 확보했다. 유사시 대통령이 긴급 조치를 발동할 수 있는 권한이었다(제53조). 대통령이 필요하다고 판단하면 언제든 긴급 조치를 만들어 발동할 수 있었다. 법을 만들 국회도 필요 없었고, 법률에 따라 판단할 법원도 필요 없었다. 그야말로 무소불위의 권력이었다. 유신 헌법을 고치자는 주장만 해도 영장 없이 체포해 군법 회의에서 15년 징역을 선고했다.

1974년 1월 8일 박정희 정권은 유신 헌법에 따른 긴급 조치 1호를 발표했다. 긴급 조치는 민주화 세력을 탄압하기 위해 만들어졌다. 긴급 조치 1호는 "대한민국 헌법을 부정, 반대, 왜곡하는 일체의 행위를 금지한다. 이 조치를 위반하거나 비방한 자는 영장 없이 체포, 구속, 압수, 수색하여 15년 이하의 징역에 처한다"라고 되어 있다.

해당 조치는 대한민국 헌법이 규정하는 '영장주의'를 무너뜨린 초법적 조치였다. 영장주의는 권력이 개인의 인신을 함부로 구속할 수 없도록 법원에 청구한 영장을 통해 인신 구속의 허가를 받아야 한다는 원칙이다. 인권을 지키기 위한 원칙이다. 유신 체제에 반대하거나 긴급 조치를 헐뜯는 것만으로도 군사 재판에 넘겨져 처벌받았다. 헌법의 근간인 민주주의를 파괴한 세력이 민주화를 부르짖는 이들을 '헌법 부정'으로 탄압했던 것이다. 아이러니가 아닐 수 없었다.

1975년 5월 13일 발표된 대통령 긴급 조치 9호는 독재의 완결판이었다. 유신 체제에 반대하는 세력의 싹을 완전히 도려내기 위한 극단적 조치였다. 모두 12항으로 이루어진 긴급 조치 9호의 1항은 다음과 같다.

① 다음 각 호의 행위를 금한다.

가. 유언비어를 날조, 유포하거나 사실을 왜곡하여 전파하는 행위

계란탁

계엄령과 위수령

계엄령과 위수령은 군 병력이 필요하다고 인정되는 지역에 군을 투입하는 것이다. 전시나 이에 준하는 국가 비상사태가 발생하여 사회 질서가 극도로 교란되어 행정과 사법 기능의 수행이 곤란할 때 계엄령이나 위수령을 선포한다. 차이점은 계엄령은 군이 행정, 치안, 사법 등의 권한을 접수하는 반면, 위수령은 군이 보조 역할로서 주민 통제만을 한다는 것이다. 즉 계엄령이 위수령보다 단계가 더 높다고 할 수 있다.

나. 집회, 시위 또는 신문, 방송, 통신 등 공중 전파 수단이나 문서, 도서, 음반 등 표현물에 의하여 대한민국을 부정, 반대, 왜곡 또는 비방하거나 그 개정 또는 폐지를 주장, 청원, 선동 또는 선전하는 행위

다. 학교 당국의 지도, 감독하에 행하는 수업, 연구 또는 학교장의 사전 허가를 받았거나 기타 의례적, 비정치적 활동을 제외한 학생의 집회, 시위 또는 정치 관여 행위

라. 이 조치를 공연히 비방하는 행위

당시 '전 국민의 죄수화'라는 말이 유행했다. 그만큼 긴급 조치 9호의 그물에 걸리는 사람이 많았기 때문이다. 반헌법적 긴급 조치로 인해 처벌받은 사람은 1140명 정도로 추산된다. 이 중 절반(48퍼센트)이 수업 중이거나 음주 중에 유신 체제를 비판한 경우였다. 한마디로 일상의 대화 속에서 불평 한마디 잘못 했다고 형사 처벌을 받은 것이다. 당시의 서슬 퍼런 분위기를 짐작할 수 있다.

박정희의 집권 기간 18년 중 절반 이상인 10년가량이 **계엄령, 위수령**, 비상사태 또는 긴급 조치 아래 있었다. 계엄령이나

위수령은 절차가 번거로워서 긴급 조치가 자주 이용됐다. 비판 세력을 제거하고 싶을 때 대통령이 마음대로 만들어 시행할 수 있는 게 긴급 조치였다. 유신 시대는 1973년 몇 개월과 1974년 대통령 부인 육영수의 사망 후 몇 개월을 빼고는 내내 긴급 조치의 폭압이 이어진 시기였다. 긴급 조치 9호는 무려 5년 동안 유지됐다.

부마 항쟁과 박정희의 죽음

박정희 정권은 경제 발전을 최우선 과제로 삼고 철권통치를 펼쳤다. 경제 성장을 위해 노동자는 저임금과 장시간 노동에 시달려야 했다. 정권은 노동자의 임금 상승을 억제했고 노동자의 저항 수단인 **노동 3권**을 가로막았다. 이런 철권통치에 노동자의 불만은 쌓여갔다.

1979년 3월 29일 저임금과 장시간 노동으로 이윤을 축적해온 가발 제조업체인 YH무역이 폐업을 공고했다. 1970년대 초 수출 순위 15위, 종업원 수 4000명을 거느린 YH무역이 갑자기 폐업했다. 1979년 8월 9일 YH무역의 노동자 170여 명이 폐업을 막아달라며 신민당사(당시 총재 김영삼)에 들어가 농성을 벌였다.

경찰 1000여 명이 투입돼 농성 중인 노동자를 강제 해산하고 연행했다. 이 과정에서 노동조합 집행위원 김경숙이 사망하고 노동자뿐 아니라 당원, 기자까지 무차별 구타를 당했다. 분노한 김영삼이 미국의 유명 일간지인《뉴욕 타임스》에 "미국은 박정희 정권에 대한 지원을 중단해야 한다"라고 비판하는 인터뷰를 했다. 9월 8일 김영삼은 총재 직무 정지 판결을 받았고, 10월 4일에는 국회에서 의원직까지 박탈당했다.

파두기

노동 3권이란?

"근로자는 근로 조건의 향상을 위하여 자주적인 단결권·단체 교섭권 및 단체 행동권을 가진다." 이는 헌법 제33조 제1항의 내용이다. 단결권, 단체 교섭권, 단체 행동권을 노동 3권이라고 한다. 노동자는 자신의 이익을 위해 조직을 만들 수 있다. 가장 대표적인 것이 노동조합이다(단결권). 노동자가 만든 노동조합은 노동 조건을 유지하고 개선하기 위해 회사 측과 교섭할 수 있다(단체 교섭권). 교섭이 결렬되면, 즉 요구가 받아들여지지 않으면 노동을 중단하는 파업을 할 수 있다(단체 행동권).

이후 야당과 여러 민주화 운동 단체가 공동 전선을 이루어 반유신 투쟁에 나섰다. 10월 16일 부산대학교에서 유신 반대 시위가 시작됐다. 학생들은 "유신 정권 물러가라", "정치 탄압 중단하라" 등의 구호를 외쳤다. 부산대학교 학생들이 시내로 진출하자 고신대학교와 동아대학교 학생들이 동참했고 회사원, 노동자, 상인까지 합류하며 민중 항쟁으로 발전했다. 시위는 18일에 마산으로 번졌다. 16일부터 20일까지 **부산과 마산** 지역을 중심으로 반정부 시위가 불타올랐다. 바로 부마 항쟁이었다. 대학생과 시민이 민주화를 요구하며 거리로 쏟아져 나왔다.

18일 부산에 비상계엄이 선포됐고, 20일에는 마산과 창원 일대에 위수령이 발동됐다. 계엄령이 내려진 부산에는 즉시 공수부대(항공 수송 착륙이나 공중 투하로써 전투 지역 또는 적 후방에 투입하여 작전을 수행하게 할 목적으로 편성한 부대)가 투입됐다. 시민과 학생에 대한 강도 높은 진압이 이루어졌다. 나흘간의 시위로 부산과 마산에서 1563명이 체포됐다. 부마 항쟁은 계엄군에 의해 조기 진압됐다. 그러나 이미 터져 나오기 시작한 민주화 목소리는 군홧발로 억누를 수 없었다. 더 이상 시위는 벌어지지 않았지만, 많은 시민이 민주화의 열기를 확인했다. 또 집권층 내부에도 균열이 생겼다. 군부 세력 내부에서 부마 항쟁 대응을 놓고 강경파와 온건파가 대립한 것이다.

부마 항쟁 직후 일주일 만인 1979년 10월 26일 저녁 7시 40분경, 박정희가 자신의 심복이라 믿었던 중앙정보부장 김재규에 의해 피살됐다(10·26사건). 정부는 제주도를 제외한 전국에 비상계엄령을 선포했다. 이날 오후에 군 수뇌부는 '군의 정치 불관여'를 약속하는 결의문을 발표했다. 정승화 계엄 사령관 역시 '군의 정치적 중립'을 강하게 주장했다. 시민들은 독재가 서둘러 마감되고 민주 정부가 들어서기를 기대했다. 이러한 분위기 속에서 최규하 대통령 권한 대행은 11월 10일 특별 담화문을 통해 가능한 한 빨리 유신 헌법을 개정하겠다고 발표했다.

안갯속 서울의 봄

올 듯 말 듯한 민주화

박정희가 죽으면서 많은 시민이 독재 정치가 끝나고 민주주의
가 꽃피길 바랐다. 이 시기를 '**서울의 봄**'이라 한다. 10·26 사건

파송송

서울의 봄

'서울의 봄'은 체코슬로바키아의 민주화 운동인 '프라하의 봄'
에서 따온 이름이다. 프라하의 봄은 소련군의 탱크에 짓밟혀
실패했다. 마찬가지로 서울의 봄은 신군부의 장갑차에 산산조각
이 나고 말았다.

직후 잠시 눈치를 살피던 노동자들은 그동안 억눌려온 목소리를 내기 시작했다. 임금 인상과 노동 조건 개선을 요구하는 쟁의가 터져 나왔다. 이 시기에 무려 897건의 노동 쟁의가 발생했고, 새로 결성된 노동조합이 속속 생겨났다. 민주화가 반가운 손님처럼 찾아올 것만 같았다.

신민당은 박정희의 죽음으로 유신 체제가 끝났다고 판단하고 신민당의 차기 집권을 낙관했다. 신민당 총재 김영삼은 3개월 안에 헌법을 개정하고 대통령을 뽑아야 한다고 주장했다. 그러나 최규하 대통령 권한 대행은 김영삼과 생각이 달랐다. 최규하는 1979년 11월 10일 특별 담화를 통해 '대통령 궐위 시 3개월 이내 후임자를 선출한다'는 유신 헌법에 따라 대통령을 우선 뽑되, 새 대통령이 가능한 한 빨리 헌법을 개정한 후 새 헌법에 따라 다시 선거를 치러야 한다고 밝혔다.

유신 체제는 당분간 이어졌다. 민주공화당(공화당)과 신민당은 각자의 필요에 따라 일단 유신 헌법을 유지하기로 합의했다. 12월 6일 유신 헌법 아래 간접 선거로 최규하가 새 대통령으로 뽑혔다. 최규하는 당선된 다음 날 바로 긴급 조치 9호를 해제했다. 4년 6개월 만에 긴급 조치 9호가 역사의 뒤안길로 사라졌다. 또 김대중의 가택 연금도 풀었다. 신민당과 대다수 국민은 최규하가 이끄는 '과도 정부'의 역할이 유신 헌법을 폐기하고 민주 헌법을 수립한 후 다음 정권으로 권력을 넘기는 것이라고 철석같이 믿었다.

신민당과 재야 세력은 저마다 영향력을 키워갔다. 김영삼은 신민당을 중심으로, 김대중은 재야를 중심으로 정치 활동을 펼쳤다. 김영삼은 신민당의 집권이 역사의 순리라고 생각했다. 따라서 국회에서 개헌 논의를 주도하면서 신민당을 중심으로 민주 세력의 역량을 모아야 한다고 힘주어 말했다. 반면 김대중은 김영삼이 신민당을 장악한 탓에 신민당에 큰 영향력을 발휘하지 못했다. 김대중은 '국민연합'을 중심으로 재야 세력을 규합하면서 정치적 영향력을 확대하고자 했다. 두 사람은 정치권의 논의에 따라 차근차근 민주화가 진행될 것을 의심치 않았다.

12·12 군사 반란

유신 반대 운동을 벌이다 투옥됐던 민주청년협의회(이하 '민청')가 긴급 운영 위원회를 소집했다. 민청 회원들은 가상 인물을 내세운 위장 결혼식을 열어서 '통일주체대의원대회에 의한 대통령 보궐선거 저지를 위한 국민대회'를 개최하기로 했다. 일명 'YWCA 위장 결혼식'이었다. 박정희가 죽고 비상계엄이 선포돼 관혼상제를 제외한 모든 건물 내외 집회가 금지됐기 때문이다. 1979년 11월 24일 400명이 모여서 집회를 열고 "독재 타도!", "통대 선출 반대!"를 외쳤다. 통대 선출이란 통일주체대의원대회에 의한 대통령 선출을 뜻한다.

계엄 사령부는 'YWCA 국민대회' 관련자를 사회 혼란 세력으로 몰아 잡아들였다. 간접 선거를 통한 '체육관 대통령' 선출을 반대했다고 민간인 140여 명을 한 달이나 불법 구금하고 혹독한 고문을 가했다. 이 일은 전두환을 우두머리로 하는 일부 군부 세력이 정권을 찬탈하려는 야욕을 노골적으로 보여준 사건이었다.

민주화 이행에 불만을 품고 정권 찬탈을 꾀하는 일군의 군부 세력이 있었다. 그 중심에 전두환이 있었다. 박정희가 사라진 유신 체제는 중앙 권력에 커다란 공백이 생긴 상황이었다. 박정희와 함께 최고 권력을 행사하던 비서실, 경호실, 중앙정보부가 쑥대밭이 됐다. 주요 인사들은 사망하거나 박정희 피살과 관련해서 강도 높은 조사를 받고 있었다. 말 그대로 무주공산의 상황이었다. 이때 불현듯 떠오른 인물이 전두환이었다.

전두환은 당시 보안 사령관이었다. 전두환은 박정희 암살을 수사하는 합동수사본부(이하 '합수부') 책임자로 권력 전면에 등장했다. 그전까지 크게 알려진 인물은 아니었다. 물론 일반 시민에게 알려지지 않았을 뿐, 박정희와는 가까운 관계를 유지했다. 전두환은 일찍이 국가재건최고회의 의장실 비서관

계란탁

전두환과 하나회

하나회는 육사 졸업생 중 영남 출신 가운데 성적이 우수한 이들을 선별하여 가입을 받은 사조직이었다. 지휘 체계를 중시하는 군대에서는 원래 사조직을 허용하지 않지만, 박정희의 비호 아래 성장했다.

에 임명되면서 권력의 핵심부에 진입했다. 이후 전두환은 정치군인으로 탄탄대로의 출셋길을 달렸다. 군 요직을 두루 거치며 군에서 영향력을 키웠다.

전두환이 박정희의 총애를 받게 된 계기는 1961년 5·16 쿠데타로 거슬러 올라간다. 쿠데타 직후 육사 생도들이 쿠데타 지지 시위를 벌였다. 전두환은 이 시위를 주도했다. 당시 육군사관학교 교장 강영훈은 쿠데타에 대한 생도들의 찬반이 엇갈려 시가행진을 강행하기 어렵다며 쿠데타 세력의 시위 요구에 난색을 표했다. 전두환은 쿠데타 세력에게 강영훈이 금족령(장병들이 부대 밖으로 출입하지 못하도록 하는 명령)을 내려서 혁명 지지 시위를 방해한다고 고해바쳤다. 결국 강영훈은 구금됐고 쿠데타 지지 시위가 열렸다. 생도 800명과 육사 소속 장교 200명 등 1000여 명이 서울시내를 돌며 쿠데타를 지지하는 시가행진을 벌였다.

기어이 1979년 12월 12일 군사 반란이 일어났다. 군사 반란의 주체는 신군부 세력이었다. 신군부는 전두환 소장(2성 장군)을 비롯한 육사 11기와 군부 내 사조직인 **하나회**가 주축이었다. 신군부는 유신 체제를 끝내고 민주적 정치 질서로 이행하는 것에 찬성하는 군 수뇌부에 반기를 들고, 육군참모총장이자 계엄 사령관 자리에 있었던 정승화 대장(4성 장군)을 체포한 뒤 육군 본부를 점령했다. 이로써 군권이 신군부로 넘어갔다. 2성 장군이 4성 장군을 체포하는 데 대통령이나 국방부 장관의 재가는 전혀 없었다. 말 그대로 군사 반란이었다.

12·12 군사 반란의 배경에는 신군부와 정승화 계엄 사령관 간의 갈등이 있었다. '군부가 더 이상 정권의 시녀 노릇을 해서는 안 된다'고 생각한 정승화는 군의 정치적 중립을 위해 군 지휘 체계를 손봤다. 육군 지휘부를 개편해 정치군인을 배제했다. 또 중앙정보부 요원을 대거 숙청하고 대통령 경호실의 기구와 권한을 대폭 축소했다. 군부와 정치를 분리하기 위한 마지막 작업으로 전두환을 보안 사령관직에서 해임하고 지방으로 보낼 계획을 세웠다. 이를 사전에 파악한 전두환이 정승화를 먼저 친 게 12·12 군사 반란이었다. 체포된 정승화는 고문을 받고 최고 계급인 대장에서 이등병으로 17계급 강등의 수모를 겪었다.

안개 정국

군대 내 반란을 통해 군권을 장악했다면 쿠데타를 통해 권력을 장악하는 건 시간문제 아닐까? 12·12 군사 반란은 민주화 전망을 어둡게 했지만, 군사 반란에 대한 국내외의 저항은 눈에 띄게 작고 약했다. 시민의 반발은 거의 없었다. 정치권도 마찬가지였다. 이는 계엄 정국으로 인해 시민의 정치 참여가 가로막힌 탓이었다. 더 중요한 이유는 사람들이 군부 내에서 무슨 일이 벌어지고 있는지 몰랐다는 데 있다. 12·12 군사 반란에 대한 정확한 정보가 전혀 없었다. 당시 대다수 시민이 12·12 군사 반란의 의미를 제대로 파악하지 못했다.

정치권도 사태가 얼마나 심각한지 알아채지 못했다. 정보가 취약하기는 마찬가지였다. 정치권은 12·12를 군 내부에서 벌어진 소장파와 노장파 사이의 알력 다툼 정도로 오해해 심각하게 생각하지 않았다. 그저 평화로운 정권 교체를 낙관할 뿐이었다. 정치권이 신군부의 군권 장악이 무엇을 의미하는지 간파하지 못한 것이다. 신민당과 공화당은 헌법 개정과 당권 경쟁에 모든 관심을 집중했다. 이 과정에서 신민당과 공화당은 내부 분열에 휩싸여 신군부의 권력 장악 움직임에 기민하게 대응하지 못했다.

12·12 군사 반란 직후 전두환은 정치에 관심이 없다고 말했다. 정치권은 이를 순진하게 믿었다. 공화당과 신민당이 대통령 직선제 개헌에 합의하면서 김종필, 김영삼, 김대중은 대선이 곧 치러질 것이라고 확신했다. 그러나 군대 내 반란을 통해 군권을 장악했다면 쿠데타를 통해 권력을 장악할 수도 있는 것이다. 실제로 그렇게 됐다. 12·12 군사 반란은 5·17 쿠데타의 전주곡이었다.

서울역 회군

5월까지의 학생 운동 상황

4·19 혁명은 한때 '4·19 학생 의거'라고 했다. 그 정도로 4·19에서 학생의 역할은 적지 않았다. 이후 반독재 민주화 운동에서 학생 운동의 활약이 두드러졌다. 1960년 4월 혁명에서 1987년 6월 민주 항쟁에 이르는 시기를 '학생 운동의 시대'라고도 한다. 서울의 봄 때도 학생의 활약이 두드러졌다. 비록 짧은 기간이었지만 서울의 봄의 주역은 학생이었다.

1980년 3월 새 학기가 시작되자 대학가에서는 학생회 부활, 어용(자신의 이익을 위해 권력자나 권력 기관에 영합해 줏대 없이 행동함을 이르는 말) 교수 퇴진 등 학내 자율화 투쟁이 발생했다. 이는 4월에 들어서면서 '병영 집체 훈련 거부 투쟁'으로 이어졌다. 맨 처음 **병영 집체 훈련**이 예정돼 있던 성균관대학교를 시작으로 서강대학교, 서울대학교에서 학생들이 훈련을 거부했다. 그리고 5월에 접어들면서 학생 운동은 정치 민주화 운동으로 바뀌었고, 대규모 가두시위가 벌어지기 시작했다.

우여곡절도 있었다. 1980년 학기 초까지 투쟁 방식을 둘러싸고 두 가지 주장이 맞섰다. 재학생은 '단계적 투쟁론'을 내세웠다. 아직 일반 시민이 신군부의 야욕을 간파하지 못한 상태에서 정치적 시위는 공감을 얻기 어렵다고 판단했다. 시간이

꽉두기

병영 집체 훈련이란?

집체 훈련이란 여러 사람을 한데 모아놓고 집단적으로 실시하는 훈련을 뜻한다. 군대에서 이러한 훈련을 실시하는 게 병영 집체 훈련이다. 대학 신입생은 성남에 있는 문무대, 즉 학생중앙군사학교에서 5박 6일 동안 병영 집체 훈련을 받아야 했다. 군사 독재 시절, 사회는 거대한 군대이자 감옥이었다.

흘러 신군부가 권력 장악을 본격적으로 시도하면 그때 전면 투쟁에 나서자는 입장이었다. 반면 1970년대에 학생 운동을 주도하던 **복학생**은 '전면적 투쟁론'을 폈다. 이들은 민주화를 내걸고 적극적으로 싸워야만 신군부의 집권 음모를 막을 수 있다고 판단했다.

그러다 1980년 4월부터 신군부의 정권 장악 음모가 노골화하기 시작하자 '전면적 투쟁론'이 힘을 얻었다. 1980년 4월 30일 계엄 사령부는 전군 지휘관 회의를 열고 '과격한 노사 분규, 학원 소요, 정치인의 학원 내 집회 금지'를 공포했다. 5월 초순부터 학생들의 민주화 요구 시위가 불붙기 시작했다. 5월 2일 서울대학교에서 1만여 명의 학생이 참가한 '민주화를 위

복학생

사전적 의미는 정학이나 휴학을 하고 있다가 다시 학교에 복귀한 학생을 뜻한다. 보통은 학교를 휴학하고 군대를 다녀온 학생을 가리킨다. 여기서는 2·29 복권 조치로 복학한 학생을 의미한다. 이들은 1970년대 학생 운동을 하다가 학교에서 제적됐다. 김대중의 가택 연금을 풀어줄 때 373명의 대학생도 복권돼 학교로 복귀했다.

한 시국 성토 대회'가 열렸다. 이후 각 대학교로 신군부에 저항하는 시위가 퍼졌다. 학생들은 '전두환 퇴진', '비상계엄 해제', '구속 인사 석방' 등을 외쳤다.

그러나 시위는 학교 울타리를 벗어나지 못했다. 각 대학의 총학생회가 가두시위에 미온적이었다. 5월 10일 서울과 지방의 23개 대학 총학생회장단은 "5월 14일까지 계엄령을 해제해야 한다. 우리들은 당분간 평화적이고 비폭력적인 방법으로 교내 시위를 하는 것을 원칙으로 한다"라는 공동 성명을 발표했다. 복학생들은 총학생회장단의 성명을 비판했다. 총학생회는 성급한 가두시위가 신군부에 탄압의 명분만 주고, 더 나아가 학생 운동을 고립시킬 것이라고 반박했다.

서울역 광장 집회

1980년 5월 13일 밤 9시, 세종문화회관 분수대 앞으로 한 학생이 달려 나와 민중가요 〈흔들리지 않게〉를 선창했다. 순식간에 학생들이 몰려들었다. 연세대학교를 중심으로 서울 10개 대학 2000여 명의 학생이 스크럼(여럿이 팔을 바싹 끼고 횡대를 이루는 것)을 짜고 광화문 사거리로 향했다. "계엄령을 철폐하라!" 가두시위를 두고 총학생회와 번번이 의견이 갈렸던 복학생들이 시위를 밀어붙였다. 시위대가 종로 2가로 들어설 즈음 경찰이 출동했다. 재빨리 시위대가 방향을 바꾸자 경찰이 최루탄을 쏘며 막아섰다. 경찰은 학생뿐만 아니라 취재 나온 기자까지 무자비하게 진압했다.

13일 밤, 총학생회장단은 분위기가 반전됐음을 인정할 수밖에 없었다. 연세대학교 등 일부 대학 학생들이 거리로 뛰쳐나온 상황에서 교내 시위만을 고수하기는 쉽지 않았다. 서울대학교 등 27개 대학의 총학생회장은 고려대학교에 모여 가두시위를 놓고 격론을 벌였다. 결국 "우리의 평화적 교내 시위는 끝났다. 교문을 박차고 나가 싸울 것이다"라고 결의했다.

14일에도 어김없이 학생들이 쏟아져 나왔다. 비가 쏟아지는데도 서울시내 21개 대학에서 7만 명이, 지방 11개 대학에서 3만 명이 거리로 나와 시위를 벌였다.

13일부터 15일까지 3일 내내 학생들이 거리로 나왔다. 거리를 가득 메운 학생들은 "비상계엄 해제하라!", "유신 잔당 타도하자!", "전두환은 물러가라!", "정부 개헌 중단하라!", "언론 자유 보장하라!", "노동 3권 쟁취하자!" 등을 외쳤다. 5월 14~15일은 서울역 광장에서 대규모 시위가 열렸다. 서울에서만 14일 7만 명이, 15일 10만 명이 '계엄 철폐', '유신 철폐'를 외쳤다. 서울역 광장은 그야말로 사람의 물결로 넘실거렸다. 끝이 보이지 않는 학생 대열이 펼쳐졌다.

야당에서 "대규모 거리 시위가 군대를 움직일 빌미를 줄 수 있다"라고 우려하는 가운데, 군부대 이동과 관련된 제보가 곳곳에서 들어왔다. 모두 긴장한 순간이었다. 학생 대표들 사이에서 투쟁 방법에 대한 이견이 표출됐다. 학생들은 군부를 자극해서는 안 된다는 온건파와 시위를 멈춰서는 안 된다는 강경파로 나뉘었다. 서울대학교 총학생회장 **심재철**이 온건파를

대표했고, 고려대학교 총학생회장 **신계륜**이 강경파를 대표
했다.

학생 대표들은 5월 15일 밤에 긴급 대책 회의를 열었다. 향
후 대책을 둘러싸고 서울역 광장 철야 농성, 여의도 광장으로
의 후퇴, 학교로의 복귀 등으로 의견이 갈렸다. 그때 공교롭게
도 총리 담화 뉴스가 보도됐다. '연말까지 개헌안을 확정하고,
이듬해 봄 선거를 실시해 정권을 이양하겠다. 이를 국회와 협
의하고 있다. 사회가 안정되면 계엄령도 즉시 해제할 테니 학
생들은 정부의 약속을 믿고 자제해달라'라는 담화를 총리가
발표했다는 뉴스였다. 그러자 계엄 해제를 약속했으니 더 이
상 군부를 자극해서는 안 된다는 온건파의 주장에 힘이 실렸

계란탁

**학생 운동을
했던 정치인**

심재철과 신계륜은 이후 정치인이 됐다. 심재철은 보수 정
당에서, 신계륜은 진보 정당에서 정치인의 길을 걸었다. 경
희대학교 복학생 대표 문재인, 서울대학교 대의원회 의장
유시민, 서울대학교 복학생협의회장 이해찬 그리고 심상정 등
도 해산을 반대하는 쪽에 속했다.

다. 순식간에 '귀교 해산' 주장이 우세해진 분위기였다.

때마침 내무부 장관이 '연행 학생 석방, 안전 귀가'를 보장하자 서울역 집회는 마침표를 찍었다. 이때 전국에서 모인 학생 대표자들은 시위를 중단하며 한 가지 약속을 했다. "만약 군부가 움직임을 보이면 다음 날 아침에 각 대학교 정문에서 모이자." 해산에 반대하는 학생도 적지 않았지만, 해산은 진행됐다. 밤 10시가 가까워지자 서울역 광장에는 해산을 반대하는 고려대학교 학생 5000여 명과 동덕여자대학교 학생 1000여 명 그리고 서울대학교 학생 1000여 명 등 7000여 명만이 덩그러니 남았다.

서울역 회군 이후

서울역 광장에 모인 10만 명의 학생이 흩어지고, 곧바로 전국 55개 대학 95명의 학생 대표들이 이화여자대학교에 모여 전국대학총학생회장단 회의를 열었다. 광주와 부산을 제외한 전국의 총학생회장이 이 회의에 참여했다. 서울역 집회를 평가하고 향후 계획을 논의하는 자리였다. 일부 강경파는 여전히 가두 투쟁을 주장했다. 광주에서 연일 가두시위가 벌어지고 있다는 소식도 전해졌다. 이들은 16일 오후부터 회의를 시작해 밤을 새우고 이튿날인 17일에도 앞으로의 투쟁 방향을 논의했다.

그러나 5·17 쿠데타가 일어나면서 총학생회장들은 현장에서 모두 검거되고 말았다. 신군부는 5월 17일 **비상계엄**을 제주도까지 확대했다. 신군부의 계엄 해제 약속은 새빨간 거짓말이었다. 신군부는 학생들을 제압하자마자 권력 장악에 착수했다. 학생들은 휴교령이 내려지면 학교 정문에 모여 시위를 벌이기로 약속했지만, 학생 대표들이 모두 검거된 탓에 전국적·

파두기

비상계엄이란?

계엄에는 비상계엄과 경비계엄이 있다. 비상계엄이 경비계엄보다 훨씬 강력한 조치다. 비상계엄이 내려지면 계엄 사령관이 행정 사무와 사법 사무 등을 맡아서 관리하게 된다. 입법·사법·행정 3권이 전부 군으로 들어간다고 보면 된다. 군부가 국가의 실권을 행사하는 군정(軍政)이 되는 것이다. 행정 부처뿐만 아니라 언론사 등도 전부 통제할 수 있다. 5·16 쿠데타, 12·12 군사 반란 때 비상계엄이 실시됐다.

동시다발적 시위는 무산되고 말았다. 그때 유일하게 약속을 지킨 곳이 광주였다. 그리고 광주는 혹독한 대가를 치러야 했다. 유일하게 광주만이 5·17 쿠데타에 맞선 결과 무자비한 탄압을 받았다.

5월 15일 서울역 회군, 5월 17일 쿠데타 그리고 5월 18일 5·18이 시작됐다. 만약 15일 서울역 광장에서 해산하지 않고 10만 명의 학생이 계속 목소리를 냈다면 어떻게 됐을까? 광주의 비극은 일어나지 않았을까? 그럴지도 모른다. 일어났더라도 광주 혼자 그렇게 처참히 당하지는 않았을지 모른다. 서울역 회군은 두고두고 비판을 받았다.

#끓는 물에 면과 분말수프 넣기
터져나오는 민주화 요구

시민과 학생, 하나 되다
(5월 14~17일)

민족·민주화 성회(14~16일)

1980년 봄, 민주화 요구가 터져 나왔다. 특히 대학 사회를 중심으로 민주화 요구가 거세게 터져 나왔다. 5월 13일 학내에서 시위를 벌이던 학생들이 거리로 나서자 그 열기가 전국으로 번졌다. 광주에서는 5월 14일 전남대학교와 조선대학교 학생이 처음으로 경찰 봉쇄를 뚫고 교문을 나섰다. 6000여 명의 전남대학교 학생이 모여 집회를 열었다. 그들은 전라도청 앞 분수대 광장으로 향했다. 그곳에서 시민과 만나 성사시킨 집회가 바로 민족·민주화 성회였다.

"계엄 해제! 계엄 해제! 전두환은 물러가라. 좋다, 좋다." "같이 죽고, 같이 산다. 좋다, 좋다. 무릎 꿇고 살기보다 서서 죽기 원한단다." 광장에는 10만 명의 학생과 시민이 어우러져 구호를 외쳤다. '계엄 해제'와 '민주주의'를 외치는 이들 앞에 박관현 전남대학교 총학생회장이 섰다. "우리는 유신 잔당의 국민 주권 찬탈 음모를 분쇄하고자 우리 대학인의 민주 역량을 총집결하여 반민주, 반민족 세력과의 성전을 엄숙히 선포한다." **박관현**의 목소리가 광장에 울려 퍼졌다.

15일에도 전남대학교, 조선대학교, 광주교육대학교 학생들

박관현 열사

전남대학교 총학생회장. 민주화 성회를 주도했다. 5·18 직전에 계엄군의 예비 검속을 피해 서울로 도주했다. 그 때문에 5·18에 함께하지 못한 것을 두고두고 후회했다. 이후 광주교도소에서 5·18 진상 규명 등을 요구하며 40여 일간 단식 투쟁을 벌이다 숨을 거뒀다.

이 교문을 지나 거리로 나왔다. 경찰은 강경 진압을 자제했다. 최루탄 한 발 터지지 않고 가두시위는 평화롭게 진행됐다. 며칠 뒤에 폭력과 살육이 벌어지리라고는 아무도 상상하지 못했다.

1만 6000여 명의 학생과 시민은 "비상계엄 해제하라!", "노동 3권 보장하라!" 등의 구호를 외쳤다. 집회가 끝나고 학생들은 학교로 돌아갔다. 대형 태극기를 펼쳐든 대열이 길게 이어졌다. 태극기 바로 뒤에는 50여 명의 교수가 따랐다. 교수들의 시위 참여는 1960년 4·19 혁명 이후 처음이었다.

횃불 시위(16일)

5월 16일 서울을 비롯한 전국의 대학은 일단 시위를 중단했다. 시위 확대가 자칫 신군부에게 군대를 움직일 명분을 줄지 모른다는 우려 때문이었다. 잠시 상황을 지켜보면서 향후 대책을 세우기로 했다. 광주 지역 학생 운동 지도부는 시위를 계속하기로 결정했다. 5월 16일은 박정희가 군사 쿠데타를 벌인 날이라서 상징적 의미가 있었다.

전남대학교, 조선대학교, 광주교육대학교 등 아홉 개 대학 3만여 명의 학생은 오후 3시부터 도청 앞 분수대 광장에 모였다. 학생이 시국 선언문을 낭독하고 시민이 자유롭게 자기 생각을 말했다. 스스로를 '민주 시민'이라 지칭한 누군가가 직접 지은 시를 낭송하기도 했다.

남도의 나라는 아름다웠다

(…)

페퍼포그가 멈추고

최루탄이 사라지던 날

무진벌에서 백성들이 모여들었다

지식인이면 어떠냐

노동자면 어떠냐

농민이면 어떠냐

우리는 민주 시민이다.

가까이 가면 벌 받는다고 무서워하던

도청 앞 분수대

가만히 만져보고

풀썩 앉아보고

부둥켜 안아보고

그대와 나 마주 보고 웃는 모양 얼마나 좋으냐

어느 세상 이보다 아름다운 노래 있으랴

모두가 한입 되어 외쳐 부르던 민주의 노래

(…)

저녁 8시부터 2개 조로 나누어 횃불 시위를 벌였다. 한 무리는 도청 → 광주 MBC → 무등산장 → 법원 → 도청으로, 다른 무리는 금남로 → 유동 삼거리 → 광주천 → 도청으로 돌아왔다. 광주시내를 일주하다시피 했다. 400여 개의 횃불이 '계엄 철폐' 구호와 함께 광주를 붉게 수놓았다. 횃불 시위는 우려와 달리 경찰과 큰 충돌 없이 마무리됐다. 박관현이 경찰국장 안병하와 사전 협의를 거친 덕분이었다. 경찰은 시위 진압을 위한 장비와 복장을 갖췄지만 줄곧 협조적 태도로 시위대를 유도했다.

마지막 순서로 분수대 광장에서 '5·16 쿠데타 화형식'을 거행했다. 박정희와 전두환의 허수아비가 내걸렸고 횃불로 태워졌다. 5·16 쿠데타를 부정하면서 똑같은 길을 걸으려는 신군부에 대한 반감과 적의를 드러낸 행사였다. 5월 16일 횃불 시위는 5·18이 시작되자 불쏘시개가 됐다. 5·18에서 학생과 시민의 연대는 민족·민주화 성회의 경험, 특히 횃불 시위의 경험이 영향을 미쳤을 것이다. 계엄군의 학살이 시작되자 광주시민은 횃불에 덴 것처럼 들고 일어났다. 분노와 저항이 들불처럼 번졌다.

시위를 마친 학생들은 주말인 17일과 18일에는 다른 지역의 대학들과 보조를 맞춰 잠시 쉬기로 했다. 월요일인 19일부터 다시 시국 성토대회를 진행하기로 하고 해산했다. 학생들은 민족·민주화 성회를 끝내고 향후 계획을 논의했다. 만일 휴교령이 내리면 학교 정문에서 모이자는 행동 지침을 세웠다.

1970년대 대학은 학교에 나가는 날이 반 정도밖에 되지 않았다. 시위 확산을 막으려고 툭하면 휴교령이 내려졌기 때문이다. 학생회는 이를 예상하고 미리 행동 지침을 마련해 학생들에게 널리 알렸다. '휴교령이 내려지더라도 무조건 다음 날 오전 10시에 전남대학교 교문 앞에 모인다. 학교 앞에 모이는 것이 불가능하면 12시 도청 앞 분수대에 모여서 가두시위를 벌인다.' 그런 내용의 행동 지침이 공유됐다.

계란탁

왜 광주였을까?

3·1 운동 이후 최대 규모로 벌어진 항일 운동은 광주학생항일운동이다. 이름에서 알 수 있듯이 광주에서 시작됐다. 물론 광주가 언제나 앞장섰던 건 아니다. 유신 독재에 반대한 부마 항쟁은 부산과 마산에서 일어났다. 그렇다면 5·18은 왜 광주에서 일어난 걸까? 5·18은 '독재 대 반독재'의 사회정치적 균열 그리고 박정희 정권의 편향적 지역 개발로 인한 지역민의 상대적 박탈감과 소외감이 배경에 깔려 있었다. 지역적 낙후성과 함께 전남대 교문에서의 충돌이 중요하다. 비상계엄이 내려지고 다른 대학들이 조용했던 것과 달리 전남대학교에서는 충돌이 벌어졌다. 공수부대가 학생들을 과잉 진압하면서 시민이 나서기 시작했다. 또 하나, 5·18 직전에 열렸던 민족·민주화 성회의 영향도 있었을 것이다. 학생과 시민이 어우러져 민주화를 외친 이틀 전의 기억이 5·18 당시 시민의 참여를 자극했을 가능성이 높다.

탄압의 서곡(17일)

일부 학생은 학교에서 철야 농성을 이어갔다. 그런데 17일 이상한 조짐이 보였다. 대사관이나 영사관에서 무슨 연락을 받았는지 전남대학교에서 강의하던 외국인들이 광주를 빠져나갔다. 오후 9시경에는 학교 주변과 야산을 둘러보는 군인들이 목격됐다.

그날 밤 11시 40분 TV에서는 비상계엄을 알렸다. 1979년 10월 27일 4시부터 제주도를 제외한 전 지역에 내려져 있던 비상계엄을 1980년 5월 17일 24시를 기해 제주도를 포함한 전국으로 확대한다는 정부의 발표가 나왔다. 신군부는 사회 혼란을 막는다는 명분으로 '계엄의 전국 확대'를 선포했다. 아울러 '국회 해산' 등도 선포했다. 권력을 장악하기 위해 신군부가 쿠데타를 일으킨 것이다.

신군부는 5월 18일 0시를 기해 김대중을 비롯한 재야 정치인과 민주 인사를 잡아들였다. 또한 사전에 작성된 명단에 따라 민주화 운동에 앞장섰던 학생 운동 지도부, 노동조합 지도부, 종교계 지도부 등을 대대적으로 체포했다. 앞에서 살펴본 대로 이화여자대학교에 모여 있던 전국 학생회장단의 체포는 운동권에 치명적이었다. 이는 전체 학생 운동 지도부의 괴멸을 뜻했다. 결국 5·18의 불씨가 다른 지역으로 옮겨 붙도록 도울 땔감이 죄다 사라지게 된 것이다.

신군부는 김대중·문익환 등 정치인, 재야인사, 학생 지도부를 엮어서 내란 음모 혐의를 씌웠다. "북한 공산주의자들의 책동은 지금도 계속되고 있다. 그들은 남한에서 공산화하려는 작업을 해나가고 있는 것이다. 그들은 대학 불안을 조장함으로써 남침을 위한 결정적인 순간을 만들기 위한 음모를 꾸

파두기

**'북괴 침략'
이라는
전가의 보도**

신군부는 '북괴가 심상치 않은 움직임을 보이고 있다', 그래서 '남침의 위협이 있다'와 같은 판에 박힌 발표로 계엄령의 전국 확대를 강행했다. 전두환은 박정희의 판박이였다. 1961년 5·16 쿠데타의 명분과 똑같았다. 박정희가 유신 체제를 수립하기 1년 전인 1971년 12월 6일에도 '국가 비상사태'를 선언했다. 그때도 '북한 괴뢰의 남침 준비' 등을 이유로 내세웠다.

미고 있다." 전두환은 이와 같은 담화문을 발표했다. 신군부의 눈에 민주화 요구는 북한의 사주를 받은 남한 불순분자들의 음모에 불과했다. 아니, 자신들의 쿠데타를 위해 그렇게 조작해 믿었고 국민에게 그 믿음을 주입했다.

ㅍㅅㅅ

김대중을 향한 탄압

김대중은 박정희 시대부터 눈엣가시였다. 박정희는 제7대 대통령 선거에서 간발의 차이로 김대중을 이겼다. 부정 선거를 감안하면 사실상 진 것이나 마찬가지였다. 이때부터 박정희는 김대중을 제거하기로 마음먹었을 것이다. 1973년 일본에 망명 중이던 김대중을 중앙정보부 요원들이 납치했다. 김대중은 배에서 수장될 뻔했으나 일본 해상자위대 함정의 추격으로 무산돼 목숨을 건졌다. 1980년에 내란 음모 혐의로 체포된 김대중은 그해 9월 17일 사형을 선고받았다. 당시 김대중은 "이 땅의 민주주의가 회복되면 먼저 죽어간 나를 위해서 정치 보복이 다시는 행해지지 않도록 해달라"라고 말했다. 법정 최후 진술이 국제 사회에 알려지면서 큰 반향을 불러일으켰다. 레이건 당시 미국 대통령, 지미 카터 전 미국 대통령, 미국 의회, 심지어 교황까지 세계 각국의 지도자와 인권단체가 김대중의 사형 중단을 요구했다.

화려한 휴가(5월 18일)

계엄군 전국 배치

신군부는 학생 시위가 확산되고 가열될 것을 대비해 군부대에 폭동 진압 훈련인 충정 훈련을 준비시켰다. 군대를 동원해 권력을 손에 넣으려는 계획의 일환이었다. 원래 군의 역할은 적의 침략을 막고 적이 침입했을 때 적과 맞서 싸우는 것이다. 전쟁에 대비해 훈련하는 군은 평상시에는 폭동 진압 훈련 같은 건 하지 않는다. 1980년 2월 18일 신군부는 공수부대를 비롯한 주요 부대에 충정 훈련을 강도 높게 실시할 것을 지시했다. 공수부대를 중심으로 대도시 부근에 주둔한 일반 부대까지 광범하게 충정 훈련을 실시했다. 충정 훈련이 이루어진 부대를 '충정 부대'라고 했다.

5·17 비상계엄 전국 확대 조치 이전, 신군부는 군부대를 미리 움직여 시위 진압 준비를 마쳤다. 신군부가 쿠데타를 준비하면서 가장 우려한 지역은 서울과 광주였다. 대학이 밀집된 서울은 민주화 운동의 진원지였다. 광주는 학생 운동의 전통이 강했고 김대중 체포에 대한 거센 반발이 예상됐다. 강원도 화천의 11공수여단, 충청북도 증평의 13공수여단, 경기도 양평의 20사단 등은 서울로 이동했다. 5월 10일 2군 사령부에서는 광주·대전 등에 7공수여단을 배치하는 방안을 의논했다. 15일 7공수여단은 광주·대전으로 이동할 준비를 마쳤다.

5월 17일 비상계엄 전국 확대 조치에 따라 전국의 보안 목표에 계엄군이 투입됐다. **보안 목표** 109곳에 2395명의 군인이 배치됐다. 그런데 92개 대학에 계엄군 병력의 90퍼센트에 달하는 2만 2342명을 배치했다. 대학이 국가 안보에 그렇게 중요한 시설일까? 어딘가 이상하다. 대학에 집중된 계엄군 배치는 신군부 세력이 비상계엄으로 민주화를 요구하는 학생 시위를 잠재우려 했다는 사실을 방증한다. 신군부의 얘기와 달리 비상계엄의 전국 확대는 북한의 남침 위협 등과는 아무런 상관이 없었던 것이다.

광주에는 충정 부대 중에서도 정예라는 7공수여단을 투입했다. 5월 17일 오후 광주 상무대 전투교육 사령부에선 7공수여단 774명, 11공수여단 320명(총 1094명)이 작전 개시 준비를 마치고 명령을 기다렸다. 5월 18일 오전 1시 40분경 '화려한 휴가'라는 작전명 아래 광주에 투입된 7공수여단 33대대가 전남대학교와 광주교육대학교에 주둔했다. 계엄군은 전남대학교 도서관과 총학생회실 등에서 철야 농성 중이던 학생들을 급습했다. 군홧발로 밟고 진압봉으로 때린 후 학생 69명을 체

보안 목표란?

보안 목표란 일종의 국가 보안 시설이다. 파괴, 기능 마비 또는 비밀 누설 등으로 인하여 전략적으로 또는 군사적으로 막대한 손해를 끼치거나 국가 안전 보장에 연쇄적 혼란을 일으킬 우려가 있는 시설을 가리킨다. 청와대, 국회 의사당, 국방부, 정보기관, 대법원, 정부 청사, 원자력 발전소, 공항·항만 등이 이에 속한다.

포했다. 7공수여단 35대대가 투입된 조선대학교에서도 43명이 끌려갔다.

도화선

5월 18일 아침, 공수부대는 전남대학교 정문을 통제했다. 휴교령이 내려지면 학교 정문에서 모인다는 행동 지침에 따라 학생들이 모여들기 시작했다. 어느새 학생 수가 200~300명으로 늘어났다. 이들은 계엄군의 학교 점령을 비난하는 구호를 외쳤다. 이에 공수부대원은 무자비한 폭력을 사용하며 진압했다. 진압봉으로 사정없이 머리를 내려치는 폭력 진압 앞에서 학생들은 속수무책이었다. 조선대학교와 광주교육대학

파두기

계엄군의 진압봉

진압봉은 단순한 몽둥이가 아니다. 길이 70센티미터가량에 박달나무로 제작됐다. 경찰 곤봉보다 1.5배 길고 두 배나 무거웠다. 박달나무는 목질이 단단하기로 유명하다. 옷감을 펴는 데 쓰는 다듬이나 곡식을 빻거나 찧는 데 쓰는 절굿공이 등을 박달나무로 만든다. 밀도가 높아서 물에 가라앉을 정도로 무겁다.

교 앞에서도 비슷한 상황이 벌어졌다.

학생들은 흩어졌다 모이기를 서너 번 반복했다. 누군가 "도청으로 가자" 하고 외치자 다들 도청으로 향했다. 그러면서 어느새 시위대는 1000여 명으로 늘어났다. 시위대는 "비상계엄 해제하라", "전두환은 물러가라", "계엄군은 물러가라" 하고 외쳤다. 광주시내 곳곳에서 크고 작은 시위가 이어졌다. 학생과 시민은 시내 이곳저곳에서 모이고 흩어지기를 반복했다. 지도부가 따로 없어서 가능한 일이었다.

이날 오후 3시쯤 시내에 투입된 7공수여단 소속 33대대와 35대대는 곳곳에서 무차별 폭력을 저질렀다. 학생처럼 보이는 청년을 무조건 쫓아가서 진압봉으로 내리쳤다. 조금이라도 반항하면 가차 없이 대검으로 찔렀다. 시위 진압이라기보다 학살에 가까웠다. 금남로, 충장로 등 시내 곳곳에서 무차별 폭력과 강제 연행이 이뤄졌다.

18일 하루 동안 광주 지역에서 학생 155명(대학생 149명, 고교생 6명)과 시민 250명, 총 405명이 연행됐다. 이들 중 68명이 두부 외상(머리에 입은 상처), 타박상, 자상(칼에 찔린 상처) 등을 입었고 12명은 중태였다. 군이 집계한 연행자의 부상이 그랬고, 연행되지 않은 부상자도 일부 있었다. 18일 오후에 무자비한 구타를 당한 김경철은 이튿날 새벽 숨졌다. 첫 번째 사망자였다.*

"나에게 총이 있었다면 나도 (계엄군에게) 총을 쐈을 것이다." 1989년 2월 23일 국회 5·18 청문회에 나온 천주교 광주대교구의 조비오 신부가 한 말이다. 신부조차 그렇게 느낄 정도로 계엄군은 극악무도했다. 계엄군은 광주시민을 짐승 다루듯 대했다. 계엄군의 만행은 말로 표현하기 어려울 정도였다.

파송송

**첫 번째
사망자**

5·18의 첫 희생자는 청각 장애인 김경철이었다. 김경철은 시내에서 공수부대와 마주쳤다. 계엄군에게 자신이 청각 장애인이라고 하소연했지만, 공수부대원은 되레 '병신 흉내로 수를 쓴다'며 마구 때렸다. 적십자병원을 거쳐 국군통합병원으로 실려 간 김경철은 19일 새벽 3시에 사망했다. 뒤통수가 깨졌고 왼쪽 눈알이 터졌으며, 오른팔과 왼쪽 어깨가 부서졌고 엉덩이와 허벅지가 으깨졌다. 그의 나이 24세였다.

거리 진압도 잔인무도했지만, 연행된 사람의 처우도 상상을 초월했다. 연행된 이들은 어떤 고초를 겪었을까?

연행된 시민을 대상으로 눈동자를 움직이면 담뱃불로 얼굴이나 눈알을 지지는 '재떨이 만들기', 발가락을 대검 날로 찍는 '닭발 요리', 두 사람을 마주 보게 하고 몽둥이로 서로 때리게 하기, 며칠째 물을 못 마시게 하여 탈진한 사람에게 자기 소변을 받아 먹도록 하기, 화장실까지 포복해서 대변을 먹고 오게 하기, 손톱 밑으로 송곳 밀어 넣기, 칼로 맨살 포 뜨기 등과 같은 짓을 저질렀다. 거리에서 시민을 죽인 건 순간 미쳐서 그랬다고 변명할 수도 있다. 붙잡아 온 사람들에게 저지른 만행은 어떻게 설명할 수 있을까?

폭력이 저항을 부르다

18일의 화려한 휴가가 마무리되고 19일부터 녹두서점(5·18 이전까지 야학 운동을 활발히 펼쳤던 서점. 시민군 대변인 윤상원 등 항쟁에 적극적으로 참여한 사회 운동 세력의 근거지였다)을 비롯한 시내 곳곳에서 화염병이 만들어졌다. 화염병은 보도블록을 깨서 던

지거나 인도에 놓인 대형 화분을 바리케이드로 이용하는 것과는 차원이 달랐다. 화염병의 등장은 시위의 양상이 소극적 방어에서 공세적 시위로 달라지고 있음을 보여준다.

처음에는 계엄군의 만행에 깜짝 놀라고 기가 막혀 어쩔 줄을 몰라 했다. 그러다 칼이나 송곳 등을 지니고 다니는 이들이 늘어났다. 윤상원은 녹두서점을 통해 소식이 닿는 주변인들에게 꼭 호주머니에 칼이나 송곳을 가지고 다니도록 전했다. 계엄군이 무조건 진압봉으로 머리를 내리쳐서 실신시킨 다음 짐짝처럼 싣고 갔기 때문이다. 끌려가면 어떻게 될지 모르니 무조건 끌려가서는 안 된다고 주지시켰다. 그러려면 진압봉에머리를 맞지 않도록 팔목이 부러지더라도 막고, 칼이나 송곳으로 군인의 허벅지를 찌른 다음 총을 쏘기 전에 도망가라는지침이었다.

시위의 양상만이 아니라 참여 주체도 변하기 시작했다. 18일 오전만 해도 시민 대부분은 거리의 시위대와 군인이 충돌하는 광경을 바라보는 입장이었다. 오후가 되면서 시위에 참여하는 시민이 늘어났다. 인도에서 지켜보던 사람들이 시위에 참여하기 시작했다. 시민은 구경꾼에서 참여자로 점차 변모하기 시작했다. 학생에게 가해지는 폭력에 분노하기도 했지만, 계엄군이 시위대와 시민을 구분하지 않고 마구잡이로 폭력을 가했기 때문이다.

무차별 폭력에 시민은 흥분했다. 광주 전체가 들썩였다. 계엄군의 폭력에 위축되기는커녕 흥분한 시민의 참여로 오히려 시위 군중이 더 늘어났다. 부마 항쟁의 경험으로 신군부는 광주도 쉽게 진압할 수 있으리라고 판단했을지 모른다. 세게 누르면 쥐 죽은 듯 잠잠해질 거라고 말이다. 그러나 세게 눌렀는데 그 반동으로 더 크게 저항했다. 신군부는 깜짝 놀라서 부대 증파를 결정했다.

시민의 저항(5월 19~20일)

19일 상황

광주시내 상가 대부분은 문을 닫았다. 전날의 무자비한 진압에 대한 분노로 시위대 수가 급격히 불어났다. 분노한 시민이 거리로 쏟아져 나오면서 시위는 걷잡을 수 없이 커졌다. 그러면서 곳곳에서 공수부대와 물리적 충돌이 벌어졌다. 계엄군의 만행을 일절 보도하지 않은 언론에 대한 분노도 들끓었다. 대학생의 시위에 일반 시민이 합세하기 시작했다. 고등학생까지 시위에 가담했다. 시민 수가 점차 불어나면서 금남로에서 공수부대와 투석전(돌을 던지며 하는 싸움)을 벌였다.

11시 30분경 다시 공수부대의 시위 진압이 시작됐다. 19일 새벽 4시경에 도착한 11공수여단 61~63대대 병력 1140여 명이었다. 시위 군중에 대한 무차별 폭력이 가해졌다. 전날과 마찬가지로 잔인한 살육전이었다. 아니, 전날보다 더 잔혹했다. 그들은 골목을 누비며 남녀노소 가리지 않고 무차별로 폭행했다. 과잉 진압을 항의하는 나이 든 어르신, 도망가는 여학생, 택시나 버스 기사까지 가리지 않고 진압봉과 대검을 휘둘렀다. 식당이나 독서실, 일반 건물 등을 마구잡이로 뒤져서 젊은이만 보면 무조건 두들겨 팬 뒤에 짐짝처럼 트럭에 던져 싣고 갔다. 19일까지 908명이 연행됐다. 시민 400명, 대학생 495명, 고등학생 13명이었다.

공수부대원은 총에 대검을 꽂은 상태로 돌진했다. 계엄군이 시위대를 무차별로 진압하면서 부상자가 속출했다. 시내 병원은 부상자로 넘쳐났다. 광주의 병원 시설로는 모두 수용하기 어려울 정도였다. 광주기독병원은 밀려드는 부상자로 인해 3일 동안 수술실 불이 꺼지지 않았다.

광주 애국 시민 여러분! 이것이 웬 말입니까? 웬 날벼락이란 말입니까? 죄 없는 학생들을 총칼로 찔러 죽이고, 몽둥이로 두들겨 트럭에 실어가며, 부녀자를 백주에 발가벗겨 총칼로 찌르는 놈들이 누구란 말입니까? (…) 우리는 이제 다 보았습니다. 다 알게 됐습니다. 왜 학생들이 그토록 소리 높이 외쳤는가를, 우리의 적은 경찰도 군대도 아닙니다. 우리의 적은 전 국민을 공포의 도가니로 몰아넣고 있는 바로 유신 잔당과 전두환 일파 그놈들입니다.

> — 광주시민 민주투쟁회, 〈호소문〉(《투사회보》의 효시),
> 1980년 5월 19일

국군이 국민을 도륙하는 참상을 겪으며 시민은 분노했다. 재난에 가까운 폭력을 당해서 처음에는 정신을 가다듬지 못했다. 그러나 가만있을 수만은 없었다. 계엄군의 무자비한 폭력은 시민을 양자택일로 몰아갔다. 짐승 같은 삶이냐, 인간다운 저항이냐. 삶을 택하면 굴종이 따라오고 저항을 택하면 죽음이 기다렸다. 많은 시민이 후자를 택했다. 시위대는 게릴라 부대처럼 산발적인 반격을 가했다. 계엄군의 폭력은 죽음의 공포를 낳았지만, 역설적이게도 그 공포가 죽음을 무릅쓰게 만들었다.

계엄군은 버스 터미널에서 발생한 부상자를 옮기는 택시 기사에게도 폭력을 휘둘렀다. 분노한 기사들은 다음 날 시위에 동참했다. 버스 기사도 합류했다. 광주시민은 당하고만 있지 않았다. 곳곳에서 시민이 계엄군을 붙잡아 구타하는 일이 벌어졌다. 시민이 거세게 저항하면서 계엄군도 부상자가 생겨나기 시작했다.

계란탁

공수부대는 왜 그토록 잔인했을까?

시인 김남주는 광주를 도륙한 군을 "피에 주린 미친 개"(《바람에 지는 풀잎으로 오월을 노래하지 말아라》)라고 표현했다. 신군부는 공수부대원에게 공산주의자의 폭동을 진압한다는 명분을 세뇌했다. 심지어 광주에 투입되기 전에 며칠이나 식량 배급을 중단하고, 작전 직전에는 술을 먹였다는 증언도 있었다. 당시 시민군에게 붙잡힌 공수부대원의 증언이었다.

20일 상황

점차 시민이 투쟁의 선두에 나서기 시작했다. 20일 오후 거리에 모인 시민은 이제 맨손이 아니었다. 각목이든 쇠 파이프든 무기가 될 만한 것을 들고 나왔다. 국민을 짐승 취급하는 군대에 속수무책으로 당할 수만은 없었다. 공수부대에 맞섰다. 시위는 전 시가지를 거쳐 걷잡을 수 없이 거세졌다. 공수부대가 공격해오면 일단 물러났다가 다시 모이기를 반복했다.

계엄군의 무자비한 진압이 삽시간에 광주 전체를 똘똘 뭉치게 했다. 수많은 시민이 시 외곽에서 몰려왔다. 길거리에서 시민은 주먹밥, 음료수, 수건, 담배 등을 무료로 건네며 시위대를 격려했다. 계엄군의 가공할 폭력에 맞서 광주시민은 너나없이 하나로 뭉쳤다. 재난에 버금가는 폭력은 작고 힘없는 이들이 연대하도록 만들었다.

이날의 하이라이트는 차량 시위였다. 오후 6시경 무등경기장에 기사들이 모였다. 7시경 무등경기장을 출발한 수백 대의 차량 시위는 계엄군의 폭력과 만행을 가장 가까이 지켜본 운전기사들의 용기 있는 집단행동이었다. 운전기사들은 대형 버스와 택시를 몰고 거리로 나섰다. 일제히 금남로로 향하며 전조등을 켜고 경적을 울렸다. 분노와 저항의 경적 소리가 거리를 가득 메웠다. 계엄군의 무자비한 진압이 거듭되자 시위는 다소 위축됐다. 차량 시위는 잦아드는 시위의 불씨를 다시 살리는 계기가 됐다.

버스가 앞에 서고 택시 수백 대가 뒤를 따랐다. 버스 위에 올라간 한 남성이 쉴 새 없이 태극기를 흔들었다. 차량 행렬 뒤로 시민이 거대한 물결을 이루며 행진했다. 손에는 각목과 쇠파이프, 화염병, 곡괭이 등이 들려 있었다. 도로에 설치됐던 계엄군의 바리케이드가 무너졌다. 시민은 박수를 치며 환호했다. 겁먹은 계엄군이 계속 뒤로 밀렸다. 밀리고 밀려 도청까지 밀려났다. 지금까지 수세에 몰리던 광주시민은 차량 시위로 군 저지선이 뚫리자 용기백배했다.

시위대는 차에 불을 질러 도청 앞 바리케이드를 향해 돌진했다. 불에 탄 차량이 점점 늘어났다. 그러자 계엄군은 도청 안으로 숨어버렸다. 차량 시위는 항쟁의 최대 전환점이 됐다. 이후 시위 양상이 공세적으로 바뀌었다. 차량 행렬은 거대한 파도로 밀려와 시위대를 해일로 일으켜 세웠다. 차량 시위로 시민 참여가 눈덩이처럼 불어나며 집단적 환희가 촉발됐다. 차량 시위는 항쟁을 새로운 단계로 끌어올렸다. 명실상부하게 5·18이 시민 봉기로 전환됐다.

광주역에서도 계엄군과 시위대의 공방전이 벌어졌다. 도청에서처럼 차량 돌격이 수차례 벌어졌다. 더 이상 버티기 힘들다고 판단한 계엄군은 총을 난사했다. 돌을 던지던 시민이 하나둘 쓰러졌다. 이 발포로 최소 다섯 명이 숨지고 여섯 명이 다쳤다. 계엄군의 무차별 사격에도 시민은 필사적으로 저항했다. 비상계엄이 전국으로 확대돼 통행금지가 내려졌음에도 시

꼭두기

최초 발포

최초 발포는 19일에 이뤄졌다. 계림파출소 부근에서 계엄군의 장갑차가 시위 군중에 의해 포위되자 시민을 향해 발포했다. 다만 이때의 발포는 우발적 사격으로 볼 수 있다. 피해자도 한 명에 불과해 파급력이 크지 않았다. 반면 20일 발포는 집단 발포로, 성격이 전혀 달랐다.

민은 밤늦도록 공수부대에 맞섰다. 이튿날 새벽까지 공방전이 이어졌고, 새벽 4시가 되자 계엄군이 광주역에서 철수했다. 시민은 태극기를 휘두르며 광주역사로 들어갔다.

1980년 5월 20일 밤 광주역 앞에서 일어난 집단 발포는 부대 단위의 본격적인 발포의 시작이었다. 5월 20일 밤 10시 30분부터 새벽 1시 사이에 전개된 3공수여단의 사격은 개인 차원이 아닌 부대 차원의 조직적인 사격 행위였다. 우리나라 현대사에서 시위 군중을 향한 발포는 딱 두 번 있었다. 첫 번째 발포는 4·19 혁명 때 일어났고, 두 번째 발포는 5·18 민주화운동 때 벌어졌다. 5·18 때의 발포는 4·19 때보다 더 끔찍했다. 4·19 때는 경찰이 총을 쐈지만, 5·18 때는 군인이 총을 쐈다.

학생 시위에서 시민 봉기로

"나는 공산당이 아닙니다. 난동자도 아닙니다. 단지 선량한 광주시민의 일원일 뿐입니다. 아무 죄 없이 우리 학생·시민들이 죽어가는 것을 더 이상 바라보고 있을 수만은 없습니다. 우리 모두 나섭시다. 학생들을 살립시다. 계엄군을 물리치고 우리 스스로 광주를 지킵시다." 19일 밤부터 광주시내에서 젊은 여성(전옥주)이 차량에 마이크를 달고 가두방송을 했다. 시민들이 뜨겁게 호응했다. 참상을 목격한 시민들은 함께 싸워야겠다는 생각에 항쟁에 참여했다. 이들은 대부분 참상 목격이나 동참 의식을 항쟁에 참여한 이유로 제시했다. 부상자와 구속자를 대상으로 조사한 결과, 참상 목격(27.4퍼센트)과 동참 의식(43.6퍼센트)이 절대적이었다.

19일과 20일을 거치며 학생 시위는 시민 봉기로 발전했다. 시민들이 적극적으로 참여하면서 시위 양상은 훨씬 치열하고 공세적으로 바뀌었다. 동시에 학생 시위에서 시민 항쟁으로

파송송

5·18의 영어 표기

5·18의 영어 표기는 'Gwangju Uprising'이다. 우리말로는 '광주 봉기'에 가깝다. 봉기(蜂起)는 벌 떼처럼 떼 지어 일어나는 것을 뜻한다. 'Uprising'은 권력에 맞선 시민의 무장 항거를 가리킨다.

질적 변화를 겪었다. 공수부대의 야만에 치를 떨던 시민들은 두려움에서 벗어나 생명과 공동체를 지키기 위해 적극적으로 항쟁에 참여했다.

20일은 계엄군에 대한 본격적인 반격의 계기를 마련한 날이었다. 20일 늦은 밤까지 시민들은 파상으로 공세를 계속했다. 이러한 공세에 밀린 3공수여단은 밤 11시경 발포를 시작했고, 7공수여단 33대대는 수류탄을 투척했다. 그러나 21일 새벽 2시를 넘겨서 광주역에서 철수했다. 시위대는 광주 전역의 파출소와 소방서를 점거했고 광주역을 장악했다. 이제 도청을 제외한 대부분의 지역에서 공수부대가 물러나면서 광주는 서서히 해방을 맞고 있었다.

다급한 신군부는 연일 광주에 병력을 증파했다. 5월 18일에 7공수여단 774명, 11공수여단 320명이 새로 투입됐다. 이튿날 19일에는 11공수여단이 대규모로 증파돼 11공수여단만 1200명이 됐고, 20일에는 3공수여단 1392명이 증파됐다. 21일은 20사단 4766명이 증파됐다.

시민군이 등장하다(5월 21일)

도청 앞 집단 발포

5월 21일 새벽 2시 20분에서 4시경, 3공수여단이 광주역을 비롯한 시내 지역에서 전남대학교로 퇴각한 뒤 광주역 앞에는 희생자들의 시신이 남겨졌다. 시위대는 2구의 시신을 손수레에 싣고 전남도청 앞으로 향했다. 시신 위에는 태극기가 덮였다.

그전까지 계엄군이 부상자든 사망자든 보이는 족족 트럭에 싣고 간 탓에 시민은 사망자를 직접 보기 어려웠다. 부상을 입고 병원에서 사망한 사람은 있었지만, 거리에 사망자가 널브러져 있는 모습은 보기 힘들었다. 그래서 계엄군은 죽은 시민이 한 명도 없다고 방송했다. 다만 사망자에 대한 소문은 무성했다. 손수레에 실린 2구의 시신은 계엄군의 말이 거짓이라는 걸 뒷받침했다. 시신을 직접 본 시민은 피가 거꾸로 솟는 듯했다.

시내를 누비며 가두방송으로 시위 참여를 독려하던 전옥주가 손수레를 끌고 대치 중이던 계엄군 중령에게 시체를 보여주며 따졌다. 중령은 우리가 죽인 게 아니라 간첩이 몰래 죽

계란탁

김영택 기자의 광주 취재 내용

김영택 기자가 펴낸 《10일간의 취재 수첩》에는 당시 광주에서 그가 직접 겪고 취재한 내용이 실려 있다. 김영택은 19일 "오후 6시쯤 대인동 공용 버스 터미널 주차장에는 7, 8구의 시체가 차곡차곡 쌓여 있었고 무등경기장 스탠드 아래쪽에는 10여 구의 시체가 즐비하게 늘어져 있었다. 이날 공수부대원의 대검에 찔리거나 몽둥이에 맞아 죽은 사람들이었다"라고 기술했다. 다만, 당시 신문과 방송에서 광주의 상황을 다루지 않은 탓에 이런 사실이 광주시민에게는 정확히 알려지지 않았던 것으로 보인다.

인 것이라고 둘러댔다. 이러한 인식은 21일 오전 이희성 계엄 사령관의 담화문에서도 드러난다. "불순 인물 및 고정 간첩들이… 여러분의 고장에 잠입, 터무니없는 악성 유언비어의 유포와 공공시설 파괴, 방화, 장비 및 재산 약탈 행위 등을 통하여 계획적으로 지역감정을 자극, 선동하고 난동 행위를 선도한 데 기인된 것"이라고 했다.

신군부는 시위 진압을 위해 광주로 20사단을 증파했다. 계엄군은 새벽 2시부터 광주로 통하는 시외 전화를 차단했다. 21일 아침부터 수많은 시민이 금남로로 모여들었다. 마침 21일은 '부처님 오신 날'이라서 공휴일을 맞아 수많은 사람이 거리로 쏟아졌다. 모여든 시민은 금남로의 한국은행 광주 지점 앞에서 계엄군과 대치하기 시작했다. 오전 10시경 실탄을 지급받은 공수부대원이 대열의 앞쪽으로 이동했다.

시위대는 실탄을 장전한 병사들이 앞쪽에 배치된 줄도 모른 채 계엄군을 밀어붙였다. 트럭에 실은 기름통에 불을 붙여 밀어붙이는 공격을 여러 차례 반복하자 계엄군은 전일빌딩에서 도청 분수대까지 밀려났다. 이렇게 계엄군이 도청 쪽으로 밀리고 있을 때였다. 오후 1시 정각, 도청 옥상에 설치된 스피커에서 애국가가 울려 퍼졌다. 애국가에 때맞춰 요란한 총성이 울렸다. 무차별 집단 발포였다. 도청, 전일빌딩, 상무관, 수협 전남도지부 건물 옥상에서 저격수들이 시위 대열의 맨 앞에 선 시민을 조준해 사격했다. 총성은 '사격 중지 명령'이 떨어질 때까지 10여 분이나 계속됐다.

시민군의 탄생

사람들이 픽픽 쓰러졌다. 삽시간에 시위대가 모래알처럼 흩어졌다. 금남로는 피바다를 이루었고 사람으로 가득 찼던 거리에는 적막만이 가득했다. 총을 맞고 흘린 피와 신음만이 금남로를 메웠다. 도저히 믿기지 않는 사태 앞에 사람들은 넋을 잃었다. 이로써 광주시민이 간절히 바라던 평화적 해결에 대한 실낱같은 기대는 깨져버렸다.

우발적 발포가 아니었다. 시민의 강력한 저항에 부딪힌 계엄군이 작전상 감행한 발포였다. 이후 공수부대원은 주요 건물 옥상에서 시위대를 향해 조준 사격하기 시작했다. 집단 발포와 함께 흩어진 시위대가 재집결하는 것을 막기 위한 사격이었다.

집단 발포로 몇 명의 시민이 목숨을 잃었고 다쳤는지 아직도 정확히 밝혀지지 않았다. 군의 발표와 피해자의 신고 내용을 종합하면 금남로에서만 최소한 54명 이상이 숨지고 500명 이상이 총상을 입은 것으로 파악된다. 계엄군의 집단 발포는 공수부대 주둔지인 전남대학교 정문 부근에서도 벌어졌다. 시위대가 수위실에 설치된 기관총 철수를 강하게 요구하자 계엄군이 발포했다.

'백주에 시위 군중을 향한 발포라니….' 광주시민은 큰 충격

파두기

발포 명령자는 누구?

5·18 당시 군이 작성한 〈광주사태 시 계엄군 실탄 사용 현황〉에 따르면 광주에 투입된 계엄군은 총 51만 2626발의 실탄을 사용했다. 5·18이 벌어진 지 40년이 지났지만, 아직도 진상 규명이 되지 않은 문제가 있다. 그중 하나가 최초 발포 명령자가 누구인가 하는 것이다. 41년이 되도록 그가 누구인지 밝혀내지 못했다.

을 받았다. 공수부대의 무차별 발포를 목격하거나 집단 발포로 많은 사람이 죽었다는 소식을 들은 이들은 절망했다. 일부는 더 이상의 항쟁은 의미가 없다고 좌절했지만, 다른 일부는 더 싸워야 한다며 두 주먹을 불끈 쥐었다. 더 싸워야 한다고 생각한 이들 사이에서 계엄군에 맞서려면 총이 있어야 한다는 생각이 자연스럽게 싹텄다.

> 우리는 왜 총을 들 수밖에 없었는가? 그 대답은 너무나 간단합니다. 너무나 무자비한 만행을 더 이상 보고 있을 수만 없어서 너도 나도 총을 들고 나섰던 것입니다.
>
> ─〈광주시민군 궐기문〉, 1980년 5월 25일

이는 일부 개인이나 세력이 주입한 생각이 아니었다. 누구도 설득하지 않았지만 어느새 그렇게 생각하는 사람들이 자연스레 생겨났다. 총을 들어야 한다는 생각은 하나의 집단적 흐름을 이루었다. 계엄군의 만행, 특히 집단 발포로 수많은 시민이 죽임을 당한 상황에서 총을 들고 싸우는 것은 어려운 선택이 아니라 당연한 선택이 되어갔다. 계엄군의 집단 발포가 시민의 무장을 부추긴 것이다.

무기를 구하려면 기동성이 중요했다. 전날 발포의 여파로 이미 오전 9시에 시위대는 아시아 자동차 공장에서 장갑차 네 대, 차량 56대를 확보했다. 광주시민은 무기를 탈취하기 위해 곧바로 시외 지역으로 빠져나갔다. 화순, 해남, 나주, 영암 등지로 가서 지역 주민들에게 광주의 상황을 알리고 경찰서, 예비군 무기고 등을 털어 총기를 탈취했다. 사람들은 그들을 '시민군'이라고 불렀다. 이제 시위는 항쟁으로 발전했다. 참여는 참전으로 바뀌었다. 우리나라 현대사에서 반독재 투쟁 과정 중 시민이 집단적으로 무장한 것은 이때가 처음이었다.

광주를 되찾은 시민군

시민군은 광주공원에 있는 시민회관을 본부로 삼았다. 무기를 획득한 시위대는 도청 앞에서 시가전을 벌였다. 보잘것없는 소총 등으로 무장한 시민군이었지만 죽기 살기로 맞섰다. 또 4시 30분쯤에는 학생들이 전남대학교 병원 옥상에 기관총 두 대를 설치했다. 이곳은 전남도청이 정확히 사정거리 안에 포착되는 장소였다. 계엄군을 향해 실제로 발포하진 않았지만, 이로써 시위대는 전술적으로 유리한 고지를 확보했다. 무장한 시민이 도청으로 압박해가자 계엄군은 퇴각을 결정했다.

20일에도 광주시내 곳곳에서 교전이 벌어졌다. 그러나 그때는 사람들이 돌이나 각목, 쇠 파이프를 들었을 뿐이다. 21일부터는 총을 들고 맞서 싸웠다. 비록 소총에 불과한 화기로 3개 여단 2500여 명에 달하는 공수 특전단을 몰아붙여 광주시내에서 몰아냈다. 값진 승리였다. 오후 5시 30분 공수부대가 도청에서 철수했다. 7공수여단과 11공수여단은 조선대학교로, 3공수여단은 광주교도소로 철수했다.

폭력에 맞서 폭력으로 대응하는 것은 정당할까? 전쟁을 생각해보자. 다른 나라의 침략을 당하고만 있는 나라는 없다. 이를 자위권이라고 한다. 국민 역시 마찬가지다. 국가가 국민에게 폭력을 저지를 때 국민은 국가 권력에 저항할 수 있다. 이를 저항권이라고 한다. 주권자인 국민이 최후의 비상수단으로 행사할 수 있는 권리다. 1980년 5월 국가가 국민에게 총칼을 겨누었다. 단지 민주주의를 요구했다고 말이다. 소수를 제외한 대다수 군경은 국가의 부당한 명령을 따랐다. 철학자 포퍼는 《열린사회와 그 적들 1》에서 다음과 같이 말했다.

폭력을 행사하지 않고는 개혁이 불가능한 전제 정치에서 폭력 행사는 정당하다. 그런데 그 목적은 오직 폭력을 쓰지 않고도 개혁을 할 수 있는 민주 정치를 세우는 것이어야 한다. 민주 헌법과 민주주의적 방법을 파괴하려는 안팎의 공격에 대항하는 폭력 행사 역시 도덕적으로 정당하다. 시민의 저항권을 행사하는 것이기 때문이다.

신군부의 발포 명령을 순순히 따른 이도 많았지만, 거부한 이도 있었다. 전라남도 경찰국장 안병하는 신군부의 발포 명령을 거부하고 시민을 지켰다. 보안사에 끌려가 고문을 받고 그 후유증으로 숨을 거뒀다. 또 목포경찰서장이었던 이준규는 시위대 120여 명이 총기와 각목 등을 들고 경찰서에 들어왔을 때 무력 대응을 자제하고 병력을 철수해 충돌을 막았다. 시민에게 발포하지 말라고 구내방송을 하고 무기를 반환하도록 시민을 설득했다. 그 역시 모진 고문을 받았다.

#펄펄 끓이기
모두가 하나되어

완전히 고립된 광주
(5월 22~26일)

전라남도 지역으로 시위 확대

나주는 광주에서 전라남도 서남부권으로 이어지는 교통의 요충지다. 1980년 5월 19일 광주시민으로부터 계엄군의 만행 소식이 가장 먼저 전해진 곳도 나주였다. 이후 나주시민은 영암, 강진, 해남, 함평, 무안 등지를 돌며 광주 소식을 전했다. 이런 활동을 통해 시위가 확산되는 계기가 마련됐다. 또 5월 21일 정오 무렵부터 광주와 가까운 화순과 나주 지역에 광주에서 출발한 차량 시위대가 등장하기 시작했다. 이들은 신군부의 만행과 광주시민의 항쟁 소식을 전하고, 동조와 지지를 구했다.

광주의 참상이 알려지자 항쟁의 열기는 목포, 함평, 무안, 나주, 화순, 해남 등 전남 지방 일대로 빠르게 퍼졌다. 시위가 벌어지지 않았다 해도 적극적으로 무기를 제공하고 응원했다. 광주에서 휘몰아친 피바람은 나주를 거쳐 무안을 통해 목포까지 전해졌다. 21일 목포역 광장에 2만여 명이 운집했다. 23일에는 목포 전역에서 횃불 시위가 벌어지기도 했다. 전남 지역으로 시위가 확대됐다. 27일까지 총 다섯 차례의 시민궐기대회가 목포에서 열렸다. 광주와 함께하는 목포시민의 마음이 모였다.

그러나 다른 지역은 거의 침묵했다. 《봄날》을 쓴 소설가 임철우는 "그 시절 광주시민에게 주님은, 유일한 구원은 광주 바깥에 있는 사람들이었다"라고 말했다. 광주시민은 민주화를 열망하는 타 지역 시민에게 광주 소식이 전해지면 도움의 손길을 뻗으리라 믿었지만, 믿음은 끝내 좌절됐다. 언론은 광주에서 폭도가 폭동을 일으켰다고 보도했고, 많은 사람이 그런

줄로 알았다.

평화봉사단으로 우리나라에 와서 나주 나환자촌 호혜원에서 한센 환자를 돌보던 미국인 폴 코트라이트는 1980년 5월 광주의 참상을 목격했다. 광주에서 우연히 만난 할머니는 그에게 광주 바깥 사람들에게 진실을 알려달라고 부탁했다. "지금 우리에겐 목소리가 없어. 우리의 목소리가 되어 바깥세상 사람들에게 우리에게 무슨 일이 일어나고 있는지 알려주게." 폴 코트라이트는 항쟁 기간 동안 광주에 머물며 '목격자'가 됐다. 그리고 광주의 상황을 알리러 서울 미국 대사관 문을 두드렸다.

봉쇄 작전

21일 광주에서 철수한 계엄군은 광주를 에워쌌다. 21일 밤부터 광주로 통하는 교통망을 봉쇄했다. 고속도로와 지방도로 등 주요 진입로를 막았다. 3공수여단은 광주 동쪽의 남해안고속도로와 호남고속도로를, 7공수여단과 11공수여단은 광주 남쪽의 광주-화순 간 도로를, 20사단은 광주의 서쪽과 북쪽 부근의 광주-목포 간 도로를 물샐틈없이 통제했다. 주요 도로뿐만 아니라 중요 거점에서도 삼엄한 경비가 이뤄졌다. 광주교도소, 국군통합병원, 505보안부대, 전투병과교육 사령부, 송정리 군 비행장 등에 대한 경비가 강화됐다.

광주 봉쇄는 항쟁이 주변 지역으로 퍼지는 것을 막아 광주를 고립시키는 일종의 군사 작전의 일환이었다. 신군부는 광주를 오가는 모든 길을 막았다. 광주에서 광주 밖으로 나갈 수도, 광주 밖에서 광주로 들어올 수도 없었다. 이는 광주 인근 지역에서 광주로 유입되는 무기와 시민군을 막기 위해서였고, 한편으로 광주의 참상을 알리는 이들을 막아서 광주의 실상이 외부로 퍼져 나가지 못하도록 하기 위해서였다. 전자도 중요했지만 후자의 목적이 더 컸다.

신군부는 광주에서 시작된 항쟁이 다른 지역으로 확산되는 것을 크게 우려했다. 전국적 저항으로 발전하면 통제하기 어려울 것이라고 판단했다. 신군부는 시위가 더 이상 확산하는 것을 원하지 않았고, 그러려면 외부 접촉이 불가능하도록 광주를 철저히 봉쇄할 필요가 있었다. 시외 전화가 모두 끊기고 광주를 오가는 길도 다 막혔다. 그렇게 광주는 고립된 '섬'이 됐다. 결국 조기 진압의 필요성을 절실히 느꼈을지 모른다. 광주에서 벌어진 만행과 참상은 6개월 전 부마 항쟁 때 부산과 마산에서 했던 것처럼 철저히 통제되고 감춰졌다.

계엄군은 도로를 봉쇄하고 광주 외곽의 산간 지역이나 농촌 지역까지 통제하며 지나가는 차량과 시민을 막아섰다. 사람들은 계엄군의 눈을 피해서 몰래 광주를 오갔다. 문제는 계엄군이 시민을 향해 무차별 발포를 서슴지 않았다는 것이다. 광주-담양 간 국도의 길목에 위치한 광주교도소가 대표적이

계란탁

교도소 습격?

5·18과 관련한 가짜 뉴스 중 대표적인 것이 '간첩 침투설'과 '교도소 습격'이다. 당시 교도소 습격은 없었다. 광주 교도소는 광주시 외곽, 정확히는 광주-담양 간 국도와 순천행 고속도로 사이에 위치했다. 계엄군은 광주를 완전히 봉쇄하고 오가는 사람 전부를 폭도로 간주해 사격을 가했다. 그러다 보니 교도소를 습격하려는 시민군이 아니라 이곳 도로를 오가는 시민이 큰 피해를 입었다. 당시 계엄군의 증언에 따르면 최소 열세 차례 민간 차량에 사격했다. 신혼부부를 태운 차량을 저격하기도 했다. 시 외곽에 주둔한 계엄군은 학살을 멈추지 않았다.

다. 3공수여단은 21일 오후 7시경부터 교도소 앞 도로를 봉쇄하고 차량과 행인에게 무차별 총격을 가했다. 주남 마을(5월 23일)과 송암 마을(24일)에서도 학살이 벌어졌다. 주남 마을에서는 계엄군이 버스를 향해 총을 난사해 승객 18명 중 15명이 즉사했고 두 명은 야산으로 끌려가 총살됐다. 여고생 한 명만이 간신히 살아남았다.

언론의 침묵과 왜곡

언론은 침묵하거나 신군부의 발표대로 폭동이라고 보도했다. 신군부는 철저하게 언론을 통제했다. 《전남매일》의 1면 톱기사 〈18, 19일 이틀 동안 계엄군에 학생, 시민 피투성이로 끌려가〉, 〈민주화 부르짖다 숨지고 중태〉는 신군부의 압력을 받은 간부들에 의해 엎어지면서 신문에 실리지 못했다. 결국 5월 20일 《전남매일》 기자들 전원이 사표를 쓰고 붓을 꺾었다. "우리는 보았다. 사람이 개 끌리듯 끌려가 죽어가는 것을 두 눈으로 똑똑히 보았다. 그러나 신문에는 단 한 줄도 싣지 못했다. 이에 우리는 부끄러워 붓을 놓는다."

계엄 사령부 발표를 인용해 광주 상황이 처음 신문에 보도된 날이 5월 21일이었다. 그전까지는 아무런 언급도 없었다. 5·18이 시작된 게 5월 18일인데, 18일부터 20일까지 침묵하다 21일 보도된 것부터가 심상치 않다. 계엄군이 광주시민을 무차별 폭행하고 이에 맞서 시민이 격렬히 저항했는데, 그런 큰 사건을 어디서도 전하지 않은 것이다. 5월 22일부터 광주 상황이 신문 1면에서 다뤄지기 시작했다. 검열 탓에 기사는 난도질을 당했다. '광주 유혈 사태 닷새째'는 '광주 데모 사태 닷새째'로 바뀌었다.

언론은 "지난 18일부터 광주 일원에서 발생한 소요 사태가 아직 수습되지 않고 있다", "지역감정을 자극하는 터무니없는 각종 유언비어가 유포돼 이에 격분한 시민들이 시위 대열에 가세함으로써 사태가 더욱 악화됐다"라는 계엄 사령부의 발표를 인용 보도했다. 3일간 군인과 경찰 다섯 명, 민간인 한 명이 사망했다는 소식도 전했다. 계엄이 선포되자 서울을 이탈한 학원 소요 주동 학생과 깡패 등 현실 불만 세력이 시위를 주도했다는 진단도 내렸다.

계엄 사령부가 밝힌 유언비어의 내용은 다음과 같았다. "경상도 군인이 전라도에 와서 여자고 남자고 닥치는 대로 밟아 죽이고 있다." "공수부대가 몽둥이로 머리를 무차별 구타. 눈알이 빠지고 머리가 깨졌다." "18일 40명이 죽었고, 금남로는 피바다가 됐으며, 군인들이 여학생들의 브래지어까지 찢어버렸다." '경상도 군인'은 유언비어가 맞지만, 다른 내용은 실제 광주에서 벌어진 일이었다.

방송도 마찬가지였다. 5월 20일 MBC 7시 뉴스는 광주시민을 '폭도'로 보도했다. 광주의 시위 상황을 보도하면서 폭도가 난동을 부리고 있으니 자제해달라고 호소하는 내용이었다. 저녁 8시 40분, 화가 난 사람들이 화염병을 들고 MBC로 향했다. 진실을 왜곡한 광주 MBC 방송국을 불태웠다. 광주 KBS 방송국에도 난입해 방송을 중단시켰다.

언론사는 광주의 참상을 몰랐을까? 광주는 외부에 끊임없이 광주의 참상을 알렸다. 가령 시외 전화가 끊어지기 전까지 녹두서점은 거래하는 출판사마다 전화를 걸어 상황판을 낭독하며 계엄군의 학살 소식을 전했다. 그러나 그 어떤 언론도 진실을 보도하지 않았다. 오직 외신만이 보도할 뿐이었다. 1980년 5월, 프랑스 공영 방송 F2와 독일 공영 방송 ARD는 열흘 가까이 톱뉴스로 5·18을 다뤘다. 유라시아대륙의 끄트머리 광주라는 생소한 이름의 도시에서 벌어진, 군의 학살과 그에 맞선 시민 저항을 생생하게 보여줬다.

1980년 5월 20일부터 27일까지 많은 기자와 언론인은 신군부의 광주시민 학살에 항의하며 검열 거부와 제작 거부에 들어갔다. 5·18이 실패로 끝난 그해 여름 신군부는 제작 거부에 동참한 707명의 언론인을 언론사에서 내쫓고, 40여 개의 언론사를 통폐합했다. 2006년 2월 한국기자협회는 기자 정신을 잊지 않고 저항한 역사적인 날을 기리기 위해 5월 20일을 '기자의 날'로 정했다.

광주여! 광주여! 광주여!

억압 속 자유

광주는 고립됐다. 광주를 에워싼 계엄군이 총부리를 겨누고 있었지만, 광주 안은 그 어느 때보다 질서정연하고 자유로웠다. 1980년 한반도에서 유일하게 광주만이 완전한 자유를 누렸다. 언론의 자유, 집회·결사의 자유, 시민 자치의 자유 등이 절대적으로 보장됐다. 독재의 바다에 외따로 뜬 자유의 섬이었다. 유일하게 광주만이 절대적인 자유를 누렸다. 항쟁 기간에 광주는 인간의 폭력과 존엄이 극단적으로 공존한 시간을 통과했다.

광주 안은 지극히 평화로웠다. 범죄도 거의 없었다. 당시 광주시내 은행 및 금융 기관에 1500억 원이 넘는 현금이 보관돼 있었고 도청과 여러 기업체 금고에도 상당한 현금이 보관돼 있었다. 전남도청 회계과 금고에는 공무원의 급여를 지급하기 위해 찾아둔 현금이 보관되어 있었다. 그러나 불상사는 전혀 없었다. 45개 금융 기관을 비롯해 금은방 단 한 곳도 털린 곳이 없었다. 시내에 풀린 총기만 5000정이 넘었는데 말이다.

누구나 자유롭게 말하고 주장할 수 있었다. 전두환을 욕하

파송송

폭동이라는 가짜 뉴스

당시 《동아일보》 기사에도 "중심가 상인들은 몇몇 점포의 진열장 유리만 깨졌을 뿐 피해 품목은 거의 없었다고 말했다", "(광주)시내 백화점들이 5·18 사태로 약탈당하거나 피해 본 것은 없는 것으로 안다"(삼양백화점 관계자 증언) 등의 내용이 실려 있다. 많은 사람이 총과 수류탄을 소지했고, 마음만 먹으면 은행도 충분히 털 수 있는 상황이었다. 그러나 호남의 최대 도시인 광주에서 은행은 말할 것도 없고 약탈당한 상점조차 없었다. 만약 5·18이 폭동이었다면 총을 든 폭도가 은행이나 상점, 백화점 등을 먼저 약탈하지 않았을까? 그러나 그 어떤 약탈도 없었다.

고 신군부를 비판해도 누구도 잡혀가지 않았다. 5월 27일 전남도청에서 계엄군의 사격으로 숨진 시민군 대변인 윤상원은 '들불야학' 동지들과 19일 오전부터 밤새워 제작한 〈선언문〉을 이튿날 시위 현장에서 뿌렸다. 이후 이들은 《투사회보》라는 전설적인 유인물을 제작했다. 광주시민은 얼마나 많은 사람이 죽고 다쳤는지 알고 싶었고, 자신들의 절박한 상황을 밖에 알리기를 원했다. 이러한 요구에 응답한 것이 바로 《투사회보》였다. 《투사회보》는 유일하게 언론의 역할을 했다. 언론이 제구실을 다하지 못하던 그때 《투사회보》만이 유일하게 항쟁 상황 등을 시민에게 알렸다.

광주를 제외한 어느 지역도 광주의 실상을, 진실을 보도할 수 없었다. 모두 다 신군부가 각색해준 내용뿐이었다. 진실을 있는 그대로 말할 수 없었다. '군부 독재'가 분명했지만 독재를 비판하면 끌려갔다. 광주 안에서만 '독재를 독재라고, 학살을 학살이라고' 말할 수 있었다. 자유롭게 자기 의견을 표현했다. 표현의 자유와 함께 집회·시위의 자유도 누렸다. 경찰이 시위대 해산을 종용하지도, 계엄군이 총칼로 위협하지도 않는 절대 자유였다. 경찰도 없었고 계엄군도 없었다.

해방 광주

고립은 광주시민을 좌절시키지 못했다. 고립된 광주는 동시에 해방된 광주였다. 해방은 두 가지 면에서 해방이었다. 거시적으로는 국가 폭력, 억압적 체제로부터의 해방이었다. 미시적으로는 공포와 불안으로부터의 해방, 차별과 위계 그리고 욕망과 고정 관념으로부터의 해방이었다. 해방 공간에서는 기존의 질서와 권위, 권력이 녹아내렸다. 이 시기에 기존의 사회 질서는 멈춰 섰다. 어제까지 존재했던 계급과 계층의 차이는 일순간 사라졌다.

학생·농민·노동자·넝마주이(헌 종이를 주워 모으는 사람) 등 사회적 신분과 남녀노소의 벽을 뛰어넘어 모두가 하나로 똘똘 뭉쳐 계엄군에 맞섰다. 대학생, 노동자, 빈민 등의 사회적 신분이나 직업은 중요하지 않았다. 서로에 대한 차별이나 위계 같은 것은 존재하지 않았다. 시위대에 합류하고 시민군이 되는 데 그 어떤 자격도 요구하지 않았다. 사회학자 이진경은 18일 이후 형성된 저항의 공동체는 "지위나 이름에 따라 활동하고 작동하는 게 아니라, 역으로 이름을 지우고 지위를 무효화시키는 방식으로 작동"했다고 분석한다. 이것이 공동체에 생동감을 부여했다. 고아, 백수, 양아치 등 온갖 부류의 사람이 공동체를 지키려고 최전선에 나섰다.

폭력과 폭압에서 벗어나 광주시민은 평화와 자유를 누렸다. 항쟁 초기부터 광주는 하나였다. 광주시민은 거리에서 함께 〈아리랑〉과 〈애국가〉를 불렀다. 그것은 피맺힌 절규의 노래이자 죽음을 넘어선 민주화의 노래였다. 또한 재난을 이겨내는 연대의 노래이기도 했다. 그 당시 광주에 넘쳐났던 세 가지가 있었다. 바로 밥과 총과 피였다.

5월 18일 항쟁이 시작되던 첫날부터 공방이 멎고 시위대가 잠시 쉴 때쯤이면 인근 상인이나 주민 등이 커다란 고무 대야에 물을 퍼와 시위대에 제공했다. 최루탄 가루에 범벅이 된 얼굴을 씻으라고 건네는 물이었다. 밥때가 되자 밥을 가져다주는 시민이 속속 나타났다. 19일에도 마찬가지였다. 시위대에게 음식을 제공하는 시민이 점점 늘어났다. 20일에는 시위대가 가는 곳마다 사람들이 김밥, 주먹밥, 음료수 등을 수고한다며 건네주었다. 시위대가 탄 차량에 음식이 쌓일 정도였다.

18~20일 내내 개인적으로 이뤄졌던 음식 제공은 21일 아침에는 광주 전체로 확대됐다. 양동 시장, 대인 시장, 학동 시장, 산수 시장, 서방 시장 등에서 장사하는 아주머니들이 조를 짜서 음식을 조달했다. 시위대 지원에 필요한 돈이나 쌀을 거두기 위해 반상회 조직이 활용됐다. 시위대는 시민의 뜨거운 격려와 도움에 큰 힘을 얻었다. 또한 광주시민은 사재기를 자제하고 상점들도 혼란 상황에서 물건 값을 올리지 않았다.

총기 5000정이 풀렸고, 군경은 보이지 않았다. 총을 든 시민이 강도로 돌변해도 이를 제지할 공권력 자체가 없었다. 그러나 강도 사건은 한 건도 일어나지 않았다. 단순 절도 두 건이 전부였다. 70만 명이 사는 도시에서 말이다. 도시는 경찰이 모두 빠져나가고 공무원이 자리를 비워서 치안과 행정의 공백 상황이었다. 치안 공백의 광주는 무질서한 도시가 아니라 그야말로 질서정연한 도시였다. 시민이 스스로 경찰과 공무원의 역할을 담당했다. 민중이 스스로의 힘으로 공동체를 꾸려갔던 것이다.

22일 시위대는 계엄군의 반격에 대비하고 시내의 치안 유지와 시민 생활 안정을 위해 조직과 병력을 정비하는 시민군 편성 작업을 시작했다. 그 결과 기동타격대가 만들어졌다. 공수부대의 재진입에 대비하여 기동타격대는 외곽 지대에서 자체 방위를 했다. 시민군은 시내의 치안 질서를 유지하기 위해 공공시설 등에 대한 파괴 행위를 금지하고, 은행과 관공서, 경찰서 등에 경비조를 배치했다. 또한 차량 통행증과 유류 보급증을 발부하고 각종 차량에 번호를 붙여 시민에게 교통 편의도 제공했다.

광주에 넘친 또 하나는 피였다. 18일부터 21일까지 나흘간 시민이 흘린 피만이 아니었다. 부상자 치료에 필요한 피가 모자라자 광주시민은 부상자를 위한 헌혈에 앞장섰다. 헌혈을 하려는 사람들로 긴 줄이 생겼다. 모두가 자신이 가진 것을 공동체와 나누었다. 공동체의 위기를 맞아 시민 전체가 하나로 똘똘 뭉쳤던 것이다. 공동체 전체가 밥을 나누어 먹고 피를 나눴다. 밥과 피는 무엇을 상징하는가? 목숨이다. 즉 광주시민은 생사고락을 함께한 운명 공동체였다. 해방된 광주가 '절대 공동체'라고 불리는 이유다.

시민 궐기대회

광주시민이 강력한 저항으로 쟁취한 5월 22일의 대동 세상은 계엄군을 시민의 힘으로 몰아낸 것 이상의 의미로 다가왔다. 시민이 자율적으로 참여해 대동 세상의 질서를 유지했다. 시민이 도청을 접수한 22일부터 닷새 동안 도청 앞 광장에서 시민 궐기대회가 열렸다. 첫날은 아무런 사전 계획 없이 자연 발생적으로 열린 행사였고, 23일부터는 '제1차 민주수호 범시민 궐기대회'라는 공식 명칭 아래 열린 공식 행사였다.

광장에 모인 시민은 15만 명(1차), 10만 명(2차), 5만 명(3차)에 달했다. 시장 아주머니, 교사, 종교인, 주부, 대학생, 고교생, 농민 등 거의 모든 계층이 참여했다. 심지어 조직폭력배까지 연단에 올라 발언했다. 조폭 두목이 항쟁에 적극적으로 동참하겠다고 말한 것이다. 항쟁 공동체의 일원이 되는 데 신분, 계급, 계층, 교육 수준 등은 아무런 상관이 없었다. 계엄군에 맞서 싸우기로 마음먹은 사람은 누구나 항쟁 공동체의 일원이 될 수 있었다. 궐기대회는 항쟁 공동체의 결속력을 단단히 하는 기반이 됐다.

시민 궐기대회에 참여한 시민 누구나 생존권 수호라는 원칙에 동의했다. 대부분의 시민이 끝까지 싸워서 스스로 쟁취한 '해방 세상'을 지켜야 한다고 주장했다. 항쟁의 마지막 날까지 이어진 시민 궐기대회는 항쟁의 의지를 하나로 모으는 구심점 역할을 톡톡히 했다. 또한 계엄군이 지속적으로 펼친 선전전이나 내부 분열 공작을 물리치는 역할도 했다.

광주시민은 다양한 문제를 함께 논의하면서 결정했다. 질서 유지, 치안대 조직, 시위 차량 배치, 폭리 행위 엄단 등을 합의했다. 또한 제4차 궐기대회에선 최후의 한 사람까지 투쟁할 것을 결의하면서 항쟁 지도부를 결성하자는 시민 강령을 채택했다. 그야말로 '광장 민주주의'였다. 미국의 정치사회학자 조

계란탁

민중의 세상

시민군이 전남도청을 장악했다. 1894년 6월 동학 농민군이 전주성을 장악한 이래 민중이 관청을 접수하고 질서를 유지한 건 90여 년 만에 처음이었다. 동학 혁명기에 호남 53개 군현에 설치한 집강소의 정신이 5·18과 광주 공동체의 뿌리가 아니었을까? 집강소는 행정 업무를 농민이 직접 수행한 주민 자치 기구였다.

지 카치아피카스는 "광주는 20세기의 **파리 코뮌**이며, 민중의 저항과 자치 역량의 세계사적 정점이다"라고 평가했다. 지난 200년 역사에서 민중의 자발적 통치 능력을 보여주는 사례로 1871년 파리 코뮌과 1980년 광주 공동체를 지적한 것이다.

꼭두기

파리 코뮌이란?

1871년 프랑스·프로이센 전쟁에서 프랑스가 패배하고 나폴레옹 3세의 제2제정이 몰락하는 시기에 파리에서 민중 봉기가 일어났다. 파리 시민과 노동자들은 국민방위군(일종의 의용군)을 결성하고 파리에 혁명 정부를 세웠다. 이를 파리 코뮌(Paris Commune)이라고 부른다. 72일 동안 이어진 혁명 정부는 민주적인 개혁을 시도했지만 결국 정부군에게 패배해 무너졌다.

우리를 잊지 말아주십시오(5월 27일) - 도청에 남은 사람들

온건파와 강경파

처음부터 항쟁의 지도부는 없었다. 광주 주변 지역에서 총기를 구한 것도, 총을 나눠주고 무장을 거든 것도, 총격전을 벌이며 도청과 광주역 등지에서 목숨을 걸고 싸운 것도, 그 어떤 지도부 없이 개인으로서 참여했다. 지도부가 없어도 사람들은 용감하게 싸웠다. 5월 22일에 지도부의 공백을 틈타 광주시장은 행정 관료, 신부, 목사, 변호사, 지역 유지 등을 참여시킨 수습대책위원회(이하 '수습위')를 발족했다.

수습위는 유혈 사태 방지와 질서 유지에 초점을 맞춘 7개 항의 수습 대책을 계엄 당국에 제안했다. 내용은 다음과 같다.

① 사태 수습 전에 군을 투입하지 마라.
② 연행자를 전원 석방하라.
③ 군의 과잉 진압을 인정하라.
④ 사후 보복을 금지하라.
⑤ 책임을 면제하라.
⑥ 사망자에 대해 보상하라.
⑦ 이상의 요구가 관철되면 무장을 해제하겠다.

하지만 수습위의 대책안은 시민의 요구와 차이가 있었다. 수습 대책에는 '계엄 철폐'도, 과잉 진압에 대한 사과도 없었다. 과잉 진압을 인정하라는 내용이 3항에 있었지만, 이는 사과와는 달랐다. 특히 무기 회수를 둘러싸고 의견이 대립됐다. 시민군은 타 지역이 힘을 보탤 때까지 항쟁을 이어가면서 장기전에 대비해야 한다고 생각했지만, 수습위의 전반적인 분위기는 달랐다. 수습위는 무기를 거두어들여 군에 도로 돌려주는 쪽으로 기울었다. 시민의 항쟁 의지를 모으고 발전시키기

보다 일방적으로 무기 회수를 결정하는 등 수습위가 사태 수습에만 급급한 모습을 보이면서 시민과 멀어지기 시작했다.

계엄군은 수습위의 협상안을 거부했다. 먼저 무기 회수를 요구했다. 시민군은 이를 받아들이기 어려웠다. 시민군의 입장에서는 무기를 내려놓으면 계엄군이 다시 만행을 저지르지 않으리라는 믿음이 없었다. 시민군이 무기를 들고 계엄군이 철수하기 전까지 광주는 그야말로 살육의 도가니였다. 과잉 진압을 인정하고 사과할 때만이 재발 방지를 신뢰할 수 있었다.

광주는 투항과 투쟁의 갈림길에 놓였다. 더 이상의 희생을 막으려면 투항해야 한다는 수습위와 이런 식으로 투항할 순 없다며 계속 싸우자는 시민군이 평행선을 달렸다. 산 사람을 더 염려하는 쪽은 총을 내려놓자고 했고, 죽은 사람을 더 생각하는 쪽은 총을 놓지 못했다. 23일에 열린 범시민 궐기대회에서 많은 시민이 수습위를 규탄하고, 계엄 철폐, 군부 독재 타도, 김대중 석방 등의 요구가 받아들여질 때까지 투쟁할 것을 결의했다.

이후 수습위가 새로 구성됐다. 광주시장이 참여시킨 지역 유지 등이 빠지고 재야인사가 수습위에 참여했다. 종교계, 법조계, 학계를 대표하는 재야인사가 참여했다. 26일 계엄군이 탱크를 몰고 광주시내로 향했다. 새로 구성된 수습위가 "우리를 먼저 깔아 죽이고 들어오라!"라며 온몸으로 계엄군을 막아섰다. 수습위의 재야인사들이 간신히 계엄군의 광주 진입을 막았지만, 계엄군의 공격은 임박해 보였다.

최후의 항전

5월 25일 밤 10시, 최후까지 투쟁할 것을 결의한 항쟁 지도부가 탄생했다. 위원장 김종배, 부위원장 허규정과 정상용, 대변인 윤상원, 상황실장 박남선 등으로 이루어진 지도부였다. 투항 노선에 반대하는 투쟁파가 시민의 지지를 얻어 새로운 지도부를 만든 것이다. 새로운 지도부는 무기 반납을 중단하고 조직적 투쟁을 위하여 역할을 나눴다. 도청 내부의 행정 체계를 바로잡고, 시민 생활의 정상화를 도모했다.

수습위는 시민군에게 도청에서 빠져나갈 것을 종용했다.

150여 명의 시민군이 도청을 떠났다. 항쟁 지도부도 도청을 떠나는 이들을 막지 않았다. 200여 명 정도가 도청에 남았다. 1980년 5월 27일 새벽, 창문 너머로 다가오는 계엄군을 기다리는 심정은 어떠했을까? 시시각각 조여오는 계엄군과 함께 죽음의 공포가 엄습했을 것이다. 역사학자 한홍구는 "반만년 역사에서 가장 긴 새벽"이라고 표현했다. 그들의 인생에서 가장 긴 새벽이었을 것이다. 그들은 삶과 죽음의 갈림길에 서서 역사의 한 페이지를 써 내려갔다.

27일 0시를 기해 광주의 시내 전화가 일제히 끊어졌다. 무슨 일이 벌어지는지 서로 연락을 주고받을 수 없도록 계엄군이 취한 조치였다. 광주시민 전체를 어둠 속 골방에 가두려는 의도였다. 27일 새벽 2시, 광주 전역에 사이렌 소리가 울렸다. 새벽 3시, 탱크를 앞세우고 계엄군이 여러 방면에서 진입했다. 7공수여단, 3공수여단, 11공수여단이 전남도청을 향해 포위망을 좁혀왔다. 7공수여단 201명, 3공수여단 77명, 11공수여단 36명 총 314명의 공수부대를 투입했다. 유사시 지원 병력 20사단 1495명이 대기했다. 헬기 10대, 전차 18대, 장갑차 9대가 동원됐다.

사랑하는 광주시민 여러분,

지금 계엄군이 쳐들어오고 있습니다.

사랑하는 우리의 형제자매들이 계엄군의 총칼에 죽어가고 있습니다.

우리 모두 계엄군과 끝까지 싸웁시다.

우리는 끝까지 광주를 사수할 것입니다.

여러분 우리를 잊지 말아주십시오.

우리는 최후까지 싸울 것입니다.

— 마지막 방송, 1980년 5월 27일 새벽

시내 곳곳에서 계엄군에 맞서 시민군의 항전이 이어졌다. 그러나 시민군의 전력은 막강한 계엄군에 맞서기에 역부족이었다. 도청 인근에서 계엄군의 총성이 울린 것은 새벽 3시 30분경이었고, 도청이 완전 포위된 시각은 새벽 4시경이었다. 도청에 쏟아졌던 무수한 총알은 도청 밖 각자의 집에서 숨죽인 수많은 사람의 가슴팍에도 박혔다. 오전 5시경 계엄군은 도청을 장악했다. 200명 조금 넘는 시민군이 도청을 지켰다. 최종적으로 16명이 사망하고 205명이 연행됐다. 연행자는 '총기 소지자', '특수 폭도', '도청 방화자' 등으로 분류돼 군부대로 이

송됐다.

왜 그들은 그곳에 남았을까?

1980년 5월 27일 새벽, 광주는 또다시 피를 흘려야 했다. 그날 도청을 지킨 시민군 중에 압도적 화력으로 무장한 계엄군을 물리칠 수 있다고 생각한 사람은 한 명도 없었다. 모두가 승산 없는 싸움이라는 걸 잘 알고 있었다. 그러나 그곳을 떠나지 않았다. 아니, 떠날 수 없었다.

한홍구 교수는 진압을 하루 앞둔 1980년 5월 26일 밤 전남 도청을 상상해보라고 했다. "계엄군의 진압을 앞둔 그 시간 그

파솔솔

왜 전라남도 도청인가?

시민군에 의해 계엄군이 밀려난 후 전남도청은 시민군의 본부가 됐다. 전라남도 전체를 관할하는 행정 기관인 도청 접수는 상징적 의미가 컸다. 도청은 항쟁 내내 항쟁의 중심 지였다. 도청 앞 분수대 광장과 금남로는 광주시민이 민주주의를 부르짖고 계엄군에 맞서 싸운 곳이었다.

자리에 있다면 나는 총을 잡고 도청에 남을까, 아니면 총을 버리고 도청을 떠날까? 나라면 어떻게 했을까?" 역사를 공부하다 보면 그런 순간을 만나게 된다. '나라면 그때 어떻게 행동했을까?'를 묻게 되는 순간 말이다.

5월 27일 새벽, 군인들이 쳐들어와 죽일 걸 알면서 도청에 남았던 한 시민군 청년은 다음과 같은 마지막 일기를 남겼다. "하느님, 왜 저에게는 양심이 있어 이토록 저를 찌르고 아프게 하는 것입니까? 저는 살고 싶습니다." 섬세한 성격의 야학 교사였던 스물여섯 살 청년은 차마 도청에 남은 동지들을 떠날 수 없었다. 형제 공동체의 동지애와 형제애를 저버릴 수 없었던 것이다. 그것이 일차적인 이유였을 것이다. 도청에 남은 또 다른 이유는 항쟁 과정에서 형성된 항쟁 공동체의 진실을 지키고 싶어서가 아니었을까?

> 오늘 우리들은 패배할 것입니다. 이곳에 남은 사람들은 모두 죽을 겁니다. 그러나 우리들은 영원히 패배하지는 않을 것입니다.
>
> – 윤상원, 1980년 5월 26일

시민군 대변인 윤상원이 외신 기자를 상대로 한 기자 회견을 마치며 한 말이다. 결사 항전을 통해 5월 18일 이후 벌어진 시민 항쟁의 뜻을 저버리지 않으려 했던 것이다. 윤상원 등 일부를 제외하면 대부분은 사회 운동과 거리가 먼 사람들이었다. 따라서 이들이 죽음을 각오하고 도청에 남은 것은 전적으로 10일간의 경험에서 비롯했다. 뜨겁고 진실한 항쟁의 경험이 죽음을 불사하게 만든 것이다. 그들은 죽음을 통해 자신들의 행위가 옳았다는 것과 10일간의 경험이 소중하다는 것을 보여주고자 했다. 5·18을 높게 평가하는 이유는 참혹한 결과가 아니라 그들의 숭고한 정신에 있다.

그들은 믿었다. 비록 당장의 전투에서 패배할지 몰라도, 역사의 진보를 믿었다. 언젠가 역사가 그들을 승리자로 만들어 줄 것을 굳게 믿었다. 언젠가 독재 체제가 끝나고 민주화가 이루어지면 자신들이 독재에 맞서 싸운 일이 역사의 페이지를 기록할 것이라 믿었다. 실제로 그들은 역사의 승리자가 됐다. "그들이 희생자라고 생각했던 것은 내 오해였다. 그들은 희생자가 되기를 원하지 않았기 때문에 거기 남았다." 소설가 한강은 그렇게 말했다.

거짓과 진실

끝나지 않은 5·18, 끝나지 않은 고통

5·18이 끝나고 이어진 여름은 길고 추웠다. 많은 시민이 죽었지만, 죽음은 침묵 아래 봉인됐다. 산 사람도 욕되기는 마찬가지였다. 적극적 참여자는 감옥으로 끌려갔고, 항쟁에 직간접적으로 몸담은 사람은 마음의 벽장에 자신을 가뒀다.

김준태 시인은 5·18을 "6·25 이후 가장 참혹한 민족사의 비극"으로 묘사했다. 2005년 5·18 민주 유공자 유족회와 부상자회, 5·18 기념재단 등 네 개 단체가 공식 발표한 통계 자료에 따르면, 5·18 사망자는 모두 606명이었다. 그 가운데 165명은 항쟁 당시 숨졌다. 항쟁 당시 숨진 이들의 평균 나이는 27세였다. 10대가 36명이나 됐다. 총에 맞아 숨진 초등학생도 두명이나 있었다. 행방불명이 65명, 상이 후 사망 추정자가 376명이었다. 행방불명으로 신고된 사람은 훨씬 많지만, 공식적으로 인정된 수가 그렇다.

항쟁 실패 후 이들의 삶은 어땠을까? 항쟁 기간 동안 3000여 명에 달하는 시민이 계엄군에게 폭행당하고 트럭에 실려 상무대로 끌려갔다. 그곳에서 그들은 짐승 같은 대우를 받았다. 연행자는 영창으로 넘겨지기 전에 보안대에서 온갖 고문을 받았다. 한국인권의료복지센터의 조사에 따르면, 5·18 당

계란탁

계엄 사령부가 밝힌 5·18 관련 사상자

1980년 5월 31일에 계엄 사령부는 민간인 144명, 군인 22명, 경찰 4명 등 총 170여 명이 사망하고, 민간인 127명, 군인 109명, 경찰 144명 총 380명이 다쳤다고 공식 발표했다. 그러나 광주시민은 이를 믿지 않았다. 계엄 사령부는 1740명을 검거하여 1010명을 훈방 조치하고, 730명은 조사 중이라고 밝혔다.

시 연행되거나 구금됐던 피해자는 평균 9.5회의 고문을 받았다. 구타, 물고문, 매달기, 밥 굶기기 등 신체적 고문이 62퍼센트를 차지했다. 수면 박탈, 지각 박탈(암실 가두기) 등 심리적 고문이 38퍼센트였다.

훈방되지 못한 이들은 군사 법원에서 반란죄 등을 선고받고 감옥 생활을 해야 했다. 1980년 10월 25일 상무대 군법 회의 법정에서 225명에 대한 선고가 이뤄졌다. 사형 5명, 무기징역 7명, 5~20년형 163명, 집행유예 80명이었다. 연행되지 않았거나 훈방으로 풀려난 이들 중 일부는 삼청교육대에 끌려가기도 했다. 1981년 3월 3일에 176명이 특별 사면으로 석방됐고, 1982년 12월 25일 관련자 전원이 석방됐다.

전두환 정권이 끝나기 전까지 이들은 죄인처럼 살아야 했다. 5·18은 실패했고 항쟁에 적극 가담한 이들은 대부분 전과자가 됐다. 폭도라는 누명을 쓴 채 끔찍한 고문을 받고 평생 고통 속에서 살아야 했다. 항쟁에 참여했던 이들은 또 다른 피해를 입을까 봐 무거운 침묵에 빠져들었다. 그러면서 대인 기피증에 시달리고 본인이 5·18 관련자라는 사실이 외부에 알려지는 것을 극도로 꺼렸다. 사람들은 5·18 민주화 운동에 대한 역사적 평가가 끝나서 5·18 관련자가 긍지를 가지고 잘 살아 갈 것이라 생각하지만, 실상은 전혀 그렇지 않다.

5·18 참여자(구속자나 부상자 등) 중 2019년까지 자살한 사람은 46명으로 추정된다. 5·18 유공자가 4377명이다. 그중 46명이 자살했으니 자살률은 1.05퍼센트에 달한다. 굉장히 높은 수치다. 우리나라 10만 명당 자살자 수가 대략 26명이다. 비율은 0.026퍼센트다. 일반인과 비교해 40배나 높은 것이다. 자살자 대부분은 고문으로 인한 신체적·정신적 고통과 이를 견디기 위한 알코올 의존 등의 공통점이 있었다. 또한 실직, 빈곤, 가정 문제, 대인 관계 실패 등이 공통적으로 나타났다. 5·18은 1980년에 끝났지만, 고통은 그때 끝나지 않았다.

왜곡과 거짓의 역사

군인이 민주주의를 외치는 시민을 죽였다. 이 사실이 있는 그대로 알려지면 어떻게 될까? 정권은 국민적 저항에 직면할 것이다. 신군부가 폭력의 정당성을 입증하려면 항쟁은 불순한

의도에서 비롯한 것이 되어야 했다. 이를 위해 민주화를 요구하는 시민에 대한 국가 폭력은 철저히 감추는 동시에, 국가 폭력에 맞선 시민 항쟁은 왜곡하고 폄하했다. 사건의 조작은 크게 두 가지 축으로 진행됐다. 첫째가 항쟁을 북한의 사주를 받은 불순분자의 폭동으로 몰아가는 것이었고, 둘째는 항쟁을 '김대중 내란 음모 사건'과 연계하는 것이었다. 신군부는 5·18이 한창 벌어지던 5월 22일 '김대중 내란 음모 사건'의 중간 수사 결과를 발표했다.

> 10·26 사태의 발생을 정권 획득의 호기로 인식한 김대중은 정상적인 정당 활동과 합법적인 계기를 통해서는 정권 획득이 생각대로 되지 않는다고 판단하고, 정부에 대한 국민의 불신 풍조를 심화시켜, 선동을 통해 변칙적인 혁명 사태를 일으켰다. (…) 대중 선동과 정부 전복의 구체적인 실천을 위해서 복직 교수와 복학생을 사조직에 편입시키고, 학원 소요 사건을 민중 봉기로 유도 발전시키도록 기도했다.

가짜 뉴스의 기원은 5·18 당시 발표된 정부 담화문 그리고 정부 발표를 고스란히 받아쓴 언론 보도에서 기인한다. 당시 정부 담화문에 많이 등장한 단어들은 '국가', '질서', '사태'('소요 사태', '폭력 사태'), '사회 불안', '무장 폭도' 등이었다. 5·18을 질서와 안정을 파괴하는 폭도의 무질서한 폭력 사태로 왜곡한 것이다. 그리고 그러한 불상사가 벌어진 원인에 대해서도 오판했다. 군의 지나친 폭력에 대해서는 전혀 언급하지 않았다.

최초 보도는 참상이 벌어진 지 3일이 지난 5월 21일이었다. 《동아일보》는 5월 21일 1면의 〈광주 일원 데모 사태〉라는 단신 기사에서 "계엄 사령부는 지난 18일부터 광주 일원에서 발생한 소요 사태가 아직 수습되지 않았다고 밝히고 조속한 시일 내에 평온을 회복하도록 모든 대책을 강구하겠다고 말했다"라고 보도했다. 《동아일보》의 첫 보도는 광주 지역에서 발생한 사건에 대한 아무런 부연 설명도 없이 계엄 사령부의 발표를 그대로 옮긴 기사였다.

《조선일보》는 5월 23일 〈광주 사태 수습 기미〉라는 기사에서 "일부 무장한 폭도에 의해 장악되어 행정이 완전히 마비됐으며, 소요는 목포로까지 번져 광주에서 내려간 폭도들에 의해 과격 행위가 있었으나 대다수 시민은 이들을 추종하지 않았다"라고 보도했다. 계엄군이 전남도청을 진압한 27일 KBS 9시 뉴스에서는 "군은 생활고와 온갖 위협에 시달리는 시민을 구출하기 위해서 오늘 오전 3시 30분 군 병력을 광주시에 투입했다"라고 보도했다. 아울러 "군이 진압하는 동안 도청과 공원 등지에서 폭도들의 일부 저항이 있었으나 오전 5시 10분 광주 일원을 완전 장악"했다고 전했다.

대표적인 언론 보도를 나열했을 뿐 모든 언론이 그와 같은 관점에서 5·18을 보도했다. "남파된 북괴 간첩"과 불순분자가 사주한 '폭도'의 "소요"(《조선일보》 1980년 5월 22, 27일)가 5·18을 규정하는 언어였다. 그 결과 사람들은 자연스레 5·18을 '불순분자 및 고첩(고정간첩), 이에 동조하는 불량배가 벌인 책동'으로 받아들였다. 이 시대에 간첩은 어떤 의미였을까?

(…)
공화당 때 한창
유신 반대 데모로 거리가 어수선할 때
포장마차 집에서 이런 일이 있었지요
어떤 손님이 술에 취해 박정희에 취해

공화당 만세라고 부른다는 것이 혀가 말을 듣지 않아

공산당 만세라고 불러버렸지요

그래서 그는 평소에 공산주의 사상을 포지한 자가 되어

3년 동안 감방 신세를 지게 되었지요

민정당 때 한창

새 시대에 새 인물이 났다 하여 매스컴이 떠들썩할 때

산속의 여관에서 이런 일도 있었지요

등산객 세 사람이 관광 지도를 펴놓고

이쪽으로 마냥 가면 금강산이 나오겠지라고 했는데

마침 지나가던 여관 주인이 그 말을 듣고 신고했지요

그래서 그들은 월북 기도죄가 적용되어

각각 2년 6개월의 형을 받았지요

그때나 이때나

우리나라 사람들 공산당 되기 쉬운 나라지요

우리나라처럼 감옥 가기 쉬운 나라 없지요 세상에

김남주 시인은 〈세상에〉라는 시에서 그 시대를 이렇게 풍

자했다. 공화당은 박정희 때, 민정당은 전두환 때를 각각 가리킨다. 정권을 비판하는 이들을 '사상이 의심스럽다'는 이유로 탄압했다. 용공, 즉 공산주의를 추종한다며 몰아세웠다. 국가 안보를 앞세워 시민의 자유를 억누르고 시민의 권리를 짓밟았다. 그러니 일반 시민조차 '사상'이라는 말만 나와도 두려워했다. 사상과 표현의 자유가 원천 봉쇄됐던 것이다. 박정희 정권, 전두환 정권은 '반공'이라는 칼을 전가의 보도처럼 휘둘렀다.

신군부에 의해 공산주의와 아무 상관없는 사람들이 간첩의 사주를 받은 폭도로 매도됐다. 신군부는 5·18과 북한을 연결하기 위해 김대중 내란 음모를 조작했다. 김대중은 북한의 사주를 받아 5·18을 일으킨 주모자로 사형 선고를 받았다. 그러나 진실을 영원히 가둘 수는 없는 법이다. "일부 국민을 오랜 세월 속이는 것도 가능하며, 전 국민을 잠시 속이는 것도 가능하긴 하지만, 전 국민을 영원히 속일 수는 없다." 링컨이 한 말이다.

처음부터 5·18은 공산주의와 관련이 없었다. 항쟁에 참여했던 수많은 사람 중에 공산주의자도 있었을지 모른다. 그러나 공산주의자가 항쟁의 주축은 아니었다. 노동자, 영세 상인, 넝마주이 등이 시민군을 이뤘다. 학생도 있었지만 10퍼센트 내외였다. 항쟁 기간 광주에 뿌려진 유인물이나 22일부터 이어진 시민 궐기대회 발언에서도 공산주의와 관련된 것은 찾아볼 수 없었다.

유인물이나 공개 발언을 통해 공산주의를 주장한들 시민의 지지를 받았을까? 전혀 받을 수 없었다. 당시 광주시민은 언론이 간첩이나 폭도 운운하는 것에 굉장히 분노했다. 추도식에서 유족들은 애국가를 부르고 관 위에 태극기를 덮었다. 가족이 군인의 총칼에 죽었는데 왜 태극기로 관을 덮었을까? 죽은 가족의 행동이 북한이나 공산주의와 상관없다는 자기 증명 아니었을까?

여전한 왜곡과 매도

권력을 찬탈한 신군부의 일방적 선전과 여기에 억지로 동원된 언론에 의해 5·18의 피해자는 가해자로, 시민 저항은 폭도가 벌인 광란으로, 민주주의에 대한 요구는 사회 불안 조성으로 둔갑했다. 반대로 진짜 가해자는 처벌은커녕 대통령이 됐고, 그들의 쿠데타는 구국의 결단이 됐다. 쿠데타를 막고 민주주의를 지키려는 시민의 항쟁이 오히려 내란으로 매도됐다. 정치학자 허버트 허시는 "은폐와 조작에 의해 진실이 죽는 것을 본다는 것은 죽음보다 더한 고통이다"라고 말했다.

여전히 왜곡하는 무리가 있다. 대표적인 왜곡은 600명의 간첩이 광주에 침투해 폭동을 선동했다는 '간첩 침투설'이다. 비상계엄 아래 북한군 특수 부대 600명이 몰래 들어와서 5·18을 일으키고 5월 27일 계엄군이 전남도청으로 진격하기 전에 몰래 빠져나갔다는 건 상식적으로 말이 안 된다. 우선 계엄군이 5월 21일 광주시내에서 외곽으로 물러난 뒤에 광주를 철저히 봉쇄했다. 쥐새끼 한 마리도 드나들 수 없도록 삼엄한 봉쇄 작전이 펼쳐졌다. 그런 상황에서 한두 명도 아니고 600명의 북한군이 광주를 빠져나간다는 건, 조금만 생각해봐도 말이 안 되는 주장이다.

한국군은 5·17 조치 이전인 5월 11일부터 '대침투 작전 태세 강화 조치'를 취했다. 5월 14일 추가로 '대침투 작전 강화

지시'가 전군에 내려졌다. 5월 21일에는 '진돗개 둘'을 발령해 최고의 경계 태세를 유지했다. 당시 군과 정보기관 기록 어디에도 간첩 침투에 관한 내용은 없다. 또한 미국 역시 북한군의 이상 동향이 없다고 공식적으로 밝혔다. 북한군이 침투하지 않았다는 중요한 간접 증거도 있다. 5월 22일 남한 당국자가 북한 판문각에 방문해 남북 총리급 회담을 위한 실무 대표자 회의를 했다. 당시 남북 관계에서 군사적 충돌이나 간첩 침투가 발생하면 회담은 무산되는 것이 관례였다.

1997년 4월 대법원은 반란 및 내란 수괴, 내란 목적 살인 및 상관 살해 미수 등으로 전두환에게 무기징역을, 반란 및 내란 중요 임무 종사와 상관 살해 미수 등으로 노태우에게 징역 17년을 선고했다. 그러나 처벌은 흐지부지 끝났다. 그해 12월 22일 김영삼 전 대통령은 국민 대화합이라는 명분을 내세워 전두환과 노태우를 특별 사면했다. 제대로 청산하지 못한 과거는 현재와 미래의 발목을 붙잡는다.

용서는 가능하다. 죄지은 사람이 자신의 잘못을 뉘우칠 때라야 가능하다. 용서는 아름답다. 가해자가 진심으로 용서를 구할 때 피해자가 마음을 열어 용서하는 일은 아름답다. 가해자가 잘못을 뉘우치지도, 용서를 구하지도 않았는데, 피해자가 일방적으로 용서하는 것은 어리석다. 반성하지 않는 자를 용서하는 것은 용서가 아니라 만용이다. 특별 사면의 전제 조건이 있다. 죄를 지은 사람이 먼저 반성하고 성찰해야 한다는 것이다.

전두환은 사죄하지 않았다. 아니, 사죄는커녕 회고록 등을 통해 광주를 욕보였다. 반성 없는 섣부른 '용서와 화해'가 '역사 왜곡', 아니 '역사 모독'을 불렀다. 게다가 오늘도 그의 후예들은 왜곡과 망언을 서슴지 않는다. 왜곡과 망언은 지난 일에 머물지 않는다. '역사 모독'은 인권을 무시하고 민주주의를 위협하며 한반도 평화를 가로막는다(북한군 침투설). 제때 제대로 청산되지 못한 과거가 과거뿐만 아니라 현재와 미래까지 옥죄고 비트는 것이다.

어제의 잘못을 잊은 민족에게 내일은 어제의 연장일 뿐이다. 역사를 잊었을 때 그 역사는 반복된다. 에스파냐의 독재자 프랑코가 죽었다는 소식을 들은 프랑스의 철학자 사르트르는

《르몽드》에 기고한 글에서 "그런 살인마가 자기 침대에서 (편하게) 죽음을 맞다니…"라며 개탄했다. 2021년 11월, 전두환이 죽었다. 반성도 사죄도 없이 그렇게. 우리 역시 사르트르처럼 개탄하지 않을 수 없다. 민주주의를 외친 시민을 학살한 죄도 용서하기 어렵지만 끝내 사죄하지 않고 눈을 감은 죄 또한 용납하기 어렵다.

깨두기

5·18 역사 왜곡 처벌법

2020년 12월 9일 '5·18 민주화 운동 등에 관한 특별법' 일부 개정안이 국회를 통과했다. 일부 개정안의 내용은 5·18 민주화 운동에 대한 허위 사실 유포 금지를 담고 있다. 5·18 민주화 운동에 대한 허위 사실을 유포하면 5년 이하 징역 또는 5000만 원 이하의 벌금에 처한다는 것이다.

폭력적 체제 정비와 전두환의 집권

독재의 서릿발

광주시민을 유혈 진압하며 쿠데타에 성공한 신군부가 가장 먼저 한 일은 민주화 세력을 고립시키는 것이었다. 12·12 군사 반란으로 정권을 장악한 신군부는 1980년 5월 27일 5·18을 총칼로 진압하고 바로 며칠 뒤인 5월 31일 전두환을 상임위원회 위원장으로 하는 국가보위비상대책위(이하 '국보위')를 만들었다. 신군부가 내세운 국보위의 목적은 '정의 사회 구현'이었다. 전두환은 국보위를 앞세워 '문제의 정치인', '문제의 대학생', '문제의 재야인사' 등을 구속하거나 가택 연금했다. 대표적으로 김대중을 체포해 5·18을 배후 조종했다며 '내란 음모죄'로 옭아맸다.

신군부는 정치·사회에 대한 통제력을 강화하기 위해 정당 해산, 의회 기능 정지, 정치인의 정치 활동 금지 등의 조치를 취했다. 정치 활동 금지는 참정권 박탈을 뜻한다. 참정권은 선거권과 피선거권을 포함한다. 즉 선거에서 누군가를 뽑을 수 있는 권리(선거권)와 선거에 나가 당선될 수 있는 권리(피선거권)를 아우른다. 정치인의 경우에 정치 활동 금지는 결국 피선거권 박탈이 핵심이었다. 신군부는 유력 정치인의 피선거권을 박탈해 정치적 경쟁자를 없앴다. 정치적 경쟁자를 정치 영역에서 완전히 몰아내고 재진입을 철저히 막은 것이다.

국보위는 국가 기구를 장악하기 위한 조치도 취했다. 1980년 6월 중앙정보부 요원 중 300여 명을 정리했고, 7월 중순에는 차관급 이상 고위 공무원 232명을 숙청했다. 여기에 더해 내무부, 국세청, 관세청 등의 3급 이하 공무원 4760명, 금융 기관 임직원 1819명, 농·수협 임직원 1212명, 교육 공무원 611명 등도 부정부패, 무사안일 등의 이유로 숙청했다. 9000명에 달하는 공무원과 공공 기관 임직원이 정리됐다. 관계, 금융계, 산업계를 장악하기 위해 대대적인 숙청을 자행하고 그 자리를 군인으로 채웠다.

국보위는 사회 각 분야에 대한 통제도 강화했다. 반독재 민주화 운동에 앞장섰던 이들을 무더기로 체포하거나 수배했다. 학생 운동, 노동 운동, 농민 운동 등과 관련된 9000여 명이 체포 또는 수배 대상이었다. 그뿐 아니라 7·30 교육개혁 조치와 함께 한꺼번에 1000여 명의 학생을 제적하고 수백 명의 교수를 해임했다. 또한 노동조합을 철저히 파괴했고, 신군부에 협조하지 않은 불교계를 탄압했다. '사이비 승려와 폭력배가 넘치는 비리 온상'으로 낙인찍고 군경을 동원해 전국의 사찰을 탈탈 털었다.

국보위는 6월 9일 5·18에 대한 당국의 보도 지침에 이의를 달거나 진실을 알리려고 시도한 언론인을 구속했다. 구속 사유는 어이없게도 악성 유언비어 유포 혐의였다. 언론 통폐합도 단행했다. 국보위는 신문과 방송을 통폐합하고 기자를 대량 해고했다. 신군부는 1980년 11월 64곳의 언론사를 신문사

열네 곳, 방송사 세 곳, 통신사 한 곳으로 합쳐버렸다. 물론 일방적 통폐합이었다. 통폐합 과정에서 1000명 이상의 언론인이 쫓겨났다. 이는 전체 언론인의 30퍼센트에 달했다.

정의 사회 구현

폭력적 체제 정비의 절정은 1980년 8월 4일 발표한 '사회악 일소를 위한 특별 조치'에 따른 '폭력배 소탕'이었다. 쉽게 말해 불량배를 소탕해 사회를 정화한다는 조치였다. 불량배 소탕 계획, 일명 '삼청 계획 5호'가 시행됐다. 경찰서끼리 실적 경쟁이 벌어져 시행 2주 만에 무려 3만 명을 검거했다. 국보위가 삼청 계획을 준비할 당시 검거 계획은 2만 명이었다. 그런데 실제 검거된 인원은 6만 755명에 달했다. 불량배 소탕 계획에

파솔솔

북한과 남한은 모두 독재 국가였다

우리가 북한을 독재 국가라고 비난하지만, 우리 역시 오랜 세월 독재 국가였다. 군사 독재는 아니었다는 점에서 이승만 집권기를 제외하더라도, 박정희에서 전두환으로 이어진 군부 독재 시절만 1963년부터 1988년까지 26년에 달했다.

투입된 경찰과 군인만 연인원 80만 명에 달했다.

명목상의 징집 대상자는 불량배였지만, 끌려온 사람 중에는 불량배보다 불량배가 아닌 사람이 훨씬 많았다. 몸에 문신이 있거나 지역 주민에게 밉보이거나 공권력에 반기를 들었다는 이유로 끌려왔다. 심지어 술에 취해 길바닥에 쓰러져 있거나 술집에서 싸움을 한 사람도 있었고, 학교에서 좀 껄렁대는 고교생도 있었다. 그야말로 '막가파식' 소탕이었다. 소탕된 또 다른 부류는 저항 세력이었다. 노조 관련자를 비롯해서 불온 선동자, 전두환 비방자, 5·18 유언비어 유포자(당시에는 5·18이 계엄군 학살에서 비롯했다는 사실이 유언비어였다) 등도 끌려왔다.

"선동 및 도망치는 자, 반항자는 사살한다." 삼청교육대 생활 수칙 제1조는 선동 및 반항하면 총으로 쏘아 죽인다는 내용이었다. 생활 수칙에서 드러나듯 삼청교육대는 지옥과 다르지 않았다. 고문과 학대로 수백 명이 넘게 죽었다. 1988년 국회의 국방부 국정 감사에서 현장 사망자가 52명, 후유증으로 인한 사망자가 397명, 정신장애 등 상해자가 2678명에 이른다고 드러났다. 이는 정부 발표에 불과하고, 실제 사망자나 상해자는 더 많았을 것으로 추정된다.

삼청교육대는 최소한의 인권조차 보장하지 않았다. 그러나 당시에는 아무런 비판도 받지 않았다. 무엇보다 언론의 책임이 컸다. 신문과 방송은 삼청교육대에 대한 미담 기사를 쏟아냈다. 몸에 문신을 새긴 험상궂은 남성이 새 사람이 돼서 사회에 기여하겠다고 다짐하는 모습이 방송 화면을 채웠다. 신군부가 언론사에 보도 지침을 내려서 삼청교육대의 긍정적인 모습만을 보도하도록 했다. 왜곡된 당시의 보도 탓에 지금도 삼청교육대 설치가 불량배 소탕을 위한 긍정적인 조치였다고 오해하는 사람이 있다.

계란탁

보도 지침이란?

전두환 정부는 언론사에 날마다 '보도 지침'을 내려 보냈다. 보도 지침이란 본래는 뉴스를 보도할 때 지켜야 할 방향을 안내하기 위해 마련한 지침을 말한다. 그러나 전두환 정부 당시 보도 지침은 특정 사건에 대한 보도 여부에서부터 기사의 방향, 제목, 내용, 기사의 크기, 사진 선정 등에 이르기까지 모든 것에 간섭했다. 정부는 보도 지침을 통해 정부에 유리한 치적이나 행사 등은 크게 널리 보도하고, 정부에 불리한 내용이나 사건 등은 보도하지 말거나 축소 보도하도록 세세하게 통제했다.

국민의 선택이 아니라 총칼로 집권한 독재 정권은 처음부터 정치적 정당성을 결여했다. 독재 정권은 정당성을 홍보하려고 '정의 사회 구현'을 전면에 내걸었다. 정의 사회를 구현하기 위해 사라져야 할 사회악으로 폭력배를 지목하고 대대적인 단속을 벌였다. 사회 정화를 구실로 불량배를 강제로 연행해서 교화해 안전한 사회를 만들겠다는 것이 겉으로 내세운 명분이었지만, 사실은 정통성을 결여한 권력이 자기 정당성을 꾸미는 것이 목적이었다. 그러나 그것은 날조된 정당성에 불과했다.

전두환, 대통령에 등극하다

5·18을 총칼로 제압한 전두환은 운동권 인사들을 대대적으로 잡아들여 비판 세력의 싹을 잘랐다. 공포 정치로 사회가 조용해졌다고 판단한 전두환은 최규하 대통령을 압박해 하야시킨 뒤 스스로 대통령이 됐다. 1980년 8월 27일이었다. 권력 공백기를 틈타 최고 권력자의 자리에 오른 것이다. 광주를 피로 물들인 전두환 정부는 도덕성과 정당성에 치명적인 타격을 입은 채 집권했다.

전두환은 두 번 대통령에 당선됐다. 1980년 8월 27일 유신 헌법에 따라 통일주체국민회의에서 대의원 2525표 중 2524표(무효 1표)를 얻어 제11대 대통령이 됐다. 그리고 1981년 3월 3일 제5공화국 헌법에 따라 제12대 대통령에 취임했다. 이때는 유신 헌법이 개정되면서 유신 때처럼 할 수는 없어서, 제1야당인 민한당 당수 유치송을 대통령 후보로 나오게 하여 404표를 주고 전두환은 4755표를 얻었다.

1972년부터 1986년까지 우리 국민은 대통령을 자기 손으로 뽑지 못하고 체육관에 모인 대리자들이 대통령을 뽑는 모습을 지켜봐야 했다. 국민 대신 5000명 또는 그 이상의 대리자가 대통령을 뽑는 선거 방식이었다. 이를 간접 선거 제도(간선제)라고 한다. 체육관에서 선거인단에 의해 뽑힌 대통령을 두고 '체육관 대통령'이라고 불렀다. 전두환은 두 번 다 체육관에서 대통령으로 뽑혔지만, 선출 기구의 이름은 달랐다. 1980년에는 유신 헌법의 통일주체국민회의가, 1981년에는 제5공화국 헌법에 따라 대통령 선거인단이 대통령을 뽑았다.

전두환은 제11대 대통령에 취임한 후 헌법 개정을 단행했다. 헌정사에서 여덟 번째 개정이었다. 8차 개헌의 핵심은 7년 단임에 역시 간선제였다. 12·12 군사 반란이라는 비정상적 방법으로 집권한 마당에 박정희처럼 장기 집권을 하기도, 연임을 밀어붙이기도 쉽지 않았을 것이다. 전두환이 그나마 내세울 수 있는 명분은 단임제밖에 없었다. 그래서 생각해낸 꼼수가 7년 단임이었다. 단임이긴 하지만 4년 연임의 8년에서 고작 1년이 빠진 7년이었다.

제5공화국 헌법이 국민 투표로 1980년 10월 22일 가결되고 10월 27일 공포됐다. 체육관 선거로 전두환 정부가 탄생했

파두기

**전두환의
초고속 승진**

12·12 군사 반란을 통해 육군을 장악한 전두환은 2개월 뒤인 1980년 2월 25일 소장에서 중장으로 진급했다. 8월 5일에는 대장 계급장을 달았다. 반년 만에 스스로 별을 두 개나 주워 달았다. 그사이에는 4월 14일 보안 사령관이던 전두환은 스스로 중앙정보부장을 겸직하면서 군과 민간 부문의 국내외 정보를 독점했다. 군 조직과 정보 조직을 전부 장악했다. 중앙정보부장은 타 직을 겸직할 수 없는 직책이었다. 겸직은 전두환이 이미 권력 장악의 정점에 와 있었음을 보여준다.

다 하더라도, 그 토대가 된 '제5공화국 헌법'은 국민 투표의 결과였다. 군부 독재를 연장하는 제5공화국 헌법은 국민의 압도적 지지로 통과됐다. 찬성률이 무려 91.6퍼센트에 달했다. 이미 대다수 국민이 '군사 독재 시즌 2'를 거스를 수 없는 대세라고 받아들였던 것으로 보인다.

소장이 군권을 장악?

당시 전두환의 계급은 육군 소장(별 두 개)에 불과했다. 소장 위로는 중장(별 세 개), 대장(별 네 개) 등의 장성이 즐비하다. 일개 소장이 어떻게 군권을 장악할 수 있었을까? 그가 보안 사령관이었기 때문이다. 보안 사령관은 군내 정보를 다루는 군내 최정점 요직이다. 군내 정보를 독점한다는 것은 막강한 권력이었다. 신군부의 움직임을 군 상부가 모르게 할 수 있었고, 반대로 군 상부의 움직임을 미리 파악할 수 있었다. 전두환은 박정희 살해 사건의 수사 업무를 담당하는 합동수사본부(합수부)를 맡았다. 합수부는 계엄 사령관 직속 기구로, 헌병·군 검찰·정보부를 통제할 수 있는 막강한 권한이 있었다. 전두환은 합수부의 권한을 이용해 정치에 개입했다. 이후 보안 사령관이던 전두환은 스스로 중앙정보부장을 겸해 군과 민간 부문의 모든 국내외 정보를 독점했다.

#끓인 라면으로 차린 미완성 식탁
마르지 않는 5월 정신

끝이자 시작, 5·18
-1980년대 민주화 운동과
6월 민주 항쟁

죽은 자와 산 자

국군이 민주주의를 요구하는 국민에게 총구를 겨눠 수많은 희생자를 낳았다. 그런데도 사실은 철저히 은폐됐고 광주는 완벽히 고립됐다. 그래서 항쟁의 불길은 전국적으로 번질 수 없었다. 다른 지역과 연대를 이루지 못하고 고립된 탓에 항쟁은 처참히 실패하고 시민은 피를 흘렸다. 광주 학살은 시민 사회 전체가 신군부에 맞서 짊어져야 할 짐을 한 지역이 떠안으며 발생한 비극이었다. 모두 함께 신군부에 맞섰다면 광주의 비극은 없었을지 모른다.

신군부가 총칼로 광주시민을 무참히 짓밟을 때 광주는 외딴섬이었다. 소설가 임철우의 표현처럼 그 시절 광주시민에게 유일한 구원은 광주 바깥이었다. 그러나 구원의 손길은 없었다. 광주를 고립무원하게 방치한 채 학살을 지켜봐야 했던 민주화 진영은 죄인처럼 고개를 들 수 없었다. 시인 김준태는 "아아 살아남은 사람들은 모두가 죄인처럼 고개를 숙이고 있구나"라고 5·18 이후의 비참함을 털어놓았다. 1980년대 반독재 민주화 운동에 앞장선 사람들은 1980년 광주와 함께하지 못한 것에 미안함과 부끄러움을 느꼈다.

1980년 광주에서 죽어간 사람, 마지막까지 계엄군에 맞섰던 도청의 영령은 살아남은 이의 기억 속에 살아남았다. 영화 〈미션〉에 나오는 "신부들은 죽고 저는 살아남았습니다. 하지만 실제로 죽은 자는 나고 산 자는 그들입니다. 왜냐하면 언제나 그렇듯 죽은 자의 정신은 산 자의 기억 속에 남기 때문입니다"라는 대사처럼 죽은 자는 산 자를 통해 살아남았다. 산 자는 죽은 이의 부름에 응답이라도 하듯이 민주화에 헌신했다.

끝까지 도청에 남은 이들의 숭고한 희생은 많은 사람에게 큰 울림을 주었다. 이후 수많은 광주의 자식 또는 5월의 자식 이 태어났다. 5·18은 민주화 운동의 중심에서 꺼지지 않는 빛 이었다. 군부 독재에 저항한 민주화 세력은 5·18을 떠올리며 저항 의지를 다졌다. 그래서 5·18은 끝난 게 아니었고 광주는 죽은 게 아니었다. 살아 있는 사람의 정신 속에서 끊임없이 되 살아났고, 삶의 지침으로 작동했다.

"광주는 살아 있다!" 1988년 6월 4일 숭실대학교 학생 박 래전이 군부 독재 타도를 위해 분신하며 외친 말이다. 5·18은 열흘간의 항쟁으로 끝난 듯 보였지만, 거기서 끝나지 않았다. 5·18은 1980년 5월에 끝난 게 아니라 시작됐다. 군부 독재와 의 싸움은 5월 27일에 끝난 게 아니라 5월 27일부터 시작됐 다. 5·18은 실패했지만 1980년대 민주화 운동의 밑거름이 됐 다. 전두환이 뿌린 5월의 피는 1980년대 내내 전두환 정권의 발목을 잡았다.

학생 운동의 밑거름

5·18과 함께 뜨거운 1980년대가 시작됐다. 첫 테이프는 서강대학교 학생 김의기가 끊었다. 1980년 5월 30일 김의기는 서울 종로 5가 기독교회관 6층에서 〈동포에게 드리는 글〉을 뿌린 뒤 투신 사망했다. 김의기는 5월 19일 광주 북동성당 행사에 참석하려고 광주에 갔다가 계엄군의 만행을 목격했다. 서울로 돌아온 김의기는 주변 사람들에게 '광주의 진상을 알려야겠다'는 이야기를 자주 했다.

계란탁

광주의 진실을 외치다

광주의 진실을 부르짖으며 목숨을 던진 이는 많았다. 1980년 "학살 책임자 전두환은 물러나라"라고 외치며 분신 사망한 노동자 김종태, 1982년 광주 교도소에서 5·18 진상 규명을 요구하다 40일간의 단식 끝에 옥사한 전남대학교 학생 박관현, 1987년 5·18 책임자 처벌을 외치며 분신 사망한 노동자 표정두, 1988년 학살 진상 규명을 부르짖으며 명동성당 교육관에서 투신 사망한 서울대학교 학생 조성만, 1988년 "광주는 살아 있다"라고 외치며 숭실대학교 학생회관에서 분신 사망한 숭실대학교 학생 박래전. 이들 외에도 수많은 청년이 목숨을 바쳐 광주를 외쳤다.

무참한 살육으로 수많은 선량한 민주 시민들의 뜨거운 피를 뜨거운 5월의 하늘 아래 뿌리게 한 남도의 봉기가 유신 잔당들의 악랄한 언론 탄압으로 왜곡과 거짓과 악의에 찬 허위 선전으로 분칠해지고 있는 것을 보는 동포여, 우리는 지금 무엇을 하고 있는가?

— 김의기, 〈동포에게 드리는 글〉, 1980년 5월 30일

민주화 세력 전체가 광주에 대한 상처가 컸지만, 특히 학생 운동권의 슬픔과 자괴감은 컸다. 1960년대 이래 민주화 운동의 앞자리에 섰던 학생 운동권의 자괴감은 남다를 수밖에 없었다. 학생 운동가들은 '서울역 회군이 신군부에 힘을 과시할 기회를 줬다'는 자괴감에 깊이 빠져들었다. 회군을 감행한 학생들은 살아남았고, 신군부에 맞선 광주시민은 죽었다. 자기를 대신해 광주시민이 희생됐다는 생각에 학생 운동가들은 참담하고 부끄러웠다.

살아남은 자의 부끄러움은 독재 권력에 대한 증오심으로 승화했다. 증오심은 마음에서 멈추지 않고, 꺼지지 않는 투쟁의 땔감으로 쓰였다. 그들은 5·18을 되새기며 저항의 정당

성을 공유했고 비타협적이고 투쟁적인 자세를 견지할 수 있었다. 정권을 무너뜨리는 것이 그들에게는 유일한 목표였다. 1980년대 민주화 운동은 그 어느 때보다 전투적이었다. 폭력을 써서라도 정권을 무너뜨려야 한다는, 과거에는 찾아볼 수 없는 전투적 정치 성향이 분출했다. 운동권의 전투적 자세는 광주에서 비롯했다.

5·18은 반독재 투쟁에 앞장선 이들에게 꺼지지 않는 불이었다. 1980년대 내내 군부 독재에 맞서 강력하고 극렬하게 싸울 수 있었던 것은 광주 덕분이었다. 5·18의 비타협적이고 비극적인 결말은 저항을 부추기고 독려하는 기억의 뿌리로 작용했다. 무고한 광주시민이 학살되고 학살의 주범이 최고 권력자가 되어 멀쩡히 살아 있다는 사실만으로도 학생들이 싸울 이유는 충분했다. 독재에 맞서 목숨을 내걸고 싸웠던 이들에게 광주는 마음의 빚이었고, 저항의 상징이었으며, 싸움의 원동력이었다. 지치지 않는 저항과 싸움의 근거였다.

6월 민주 항쟁으로 피어오르다

민주화는 1987년 6월까지 미뤄졌다. 우리나라가 오랜 군부 독재를 마감하고 민주화로 가는 첫발을 뗀 게 1987년이었다. 그해 6월에 민주화의 물꼬를 튼 6월 민주 항쟁이 있었다. 6월 민주 항쟁은 언제 시작됐을까? 항쟁의 씨앗은 오래전에 뿌려졌다. 독재 권력과 민주화 세력이 충돌하는 가운데 민주화 이행에 실패했던 1979~1980년의 상황에서 출발했다. 그 중심에 광주가 있었다. '5월 광주'는 민주화 세력에도 독재 권력에도 지울 수 없는 상처를 남겼다. 신군부는 쿠데타로 집권에 성공했지만, 광주 학살의 원죄가 신군부의 발목을 붙잡았다. 정권의 정당성은 늘 의심받았다.

1987년 6월 민주 항쟁을 통한 우리나라의 민주화는 광주로부터 비롯됐다. 6월 민주 항쟁에는 중요한 도화선과 기폭제가 있었다. 박종철 고문치사가 도화선이었다면 이한열의 최루탄 피격이 기폭제였다. 이한열 역시 광주에 대한 미안함을 안고 거리에 섰다. 이한열은 광주 학살을 다룬 비디오 영상*을 보고 큰 충격을 받았다.

나의 어린 날의 추억, 광주 사태가 끝난 후 6월 초순 아무런 의식이 없는 상태에서 나는 자연을 만끽했고 고풍의 문화재에 심취했다. 친구들과 찍은 몇 장의 사진이 있을 뿐, 사회의 외곽 지대에서, 무풍지대에서 스스로 망각한 채 살아왔던 지난날이 부끄럽다.

— 이한열, 유고 〈1987년 분단 42년 피맺힌 2월〉

6월 민주 항쟁은 1980년에 좌절된 5·18의 부활이자 전국화였다. 신군부는 1980년 광주를 무참히 짓밟았다. 그러나 자

꼭두기

'광주 비디오'란?

1986년 5월 서울 명동성당에서는 미국에서 밀반입된 〈오 광주!〉('광주 비디오'로도 불림) 영상이 열흘간 상영됐다. 뉴욕 교민인 목사 박상증과 뉴욕 한인회 단체 '민주구락부' 회장 민승연이 주축이 되어 1981년 5월 광주를 알리는 비디오를 제작했다. 기존의 방송 매체가 방영했거나 방영을 위해 수집한 영상을 모아서 편집한 비디오였다. 영문 버전과 한글 버전을 각각 만들어 미주를 비롯한 한국, 일본, 독일 등의 주요 언론사에 보냈다. 교민을 통해 몰래 국내로 밀반입되기도 했다. 국내로 들어온 이 비디오는 대학과 성당을 중심으로 비밀리에 배포됐다. 운동권과 시민 사회에서 광주의 진실은 은밀하지만 무섭게 퍼져 나갔다.

유와 민주주의를 향한 열망은 꺾을 수 없었다. 1980년의 광주는 거기에서 끝나지 않았다. 5·18은 민주화의 꿈을 이루지 못한 채 좌절됐지만, 죽음을 무릅쓴 시민군이 끝까지 싸웠던 이야기는 5월이면 대학교 교정을 가득 채웠다. 그러면서 전두환 정부의 정통성에 끊임없이 의문을 품게 만들었다. 이렇게 5·18의 씨앗이 자라 결국 6월 민주 항쟁이라는 꽃을 피웠다. 1980년 광주에서 짓밟힌 민주화의 싹은 끈질긴 생명력으로 되살아나 1987년 6월 민주 항쟁으로 꽃피었다.

우리 모두의 5·18을 향해

5월 정신

히틀러는 "국민이 생각하지 않아야 권력자가 편해진다"라고 말했다. 국민이 생각하지 않으면 권력자는 자기 마음대로 할 수 있다. 생각하지 않는 국민이 많을 때 독재는 독버섯처럼 퍼진다. 시민은 자기에게 걸맞은 정부를 갖는다. 전두환 정권의 법적 토대가 된 '제5공화국 헌법'은 국민 투표에서 91.6퍼센트라는 압도적 지지를 얻었다. 광주에서 수많은 사람이 피를 흘렸는데도 말이다. 독일 시인 브레히트가 쓴 〈바이마르 헌법 제2조〉라는 풍자시에 이런 구절이 있다. "모든 국가 권력은 국민으로부터 나온다/ 그런데 나와서 어디로 가지?"

국가 폭력에는 언제나 생각 없이 명령에 복종하는 복무자가 있었다. 600만 명의 유대인이 희생된 제2차 세계대전의 비극에도 명령에 순응하는 평범한 사람이 있었다. 개인은 국가 폭력에 앞장서는 가해자가 될 수도 있지만, 국가 폭력에 맞서는 저항자가 될 수도 있다. 국가 폭력과 불의에 저항하는 것이 민주주의와 인권을 지키는 길이다. 비판 의식 없이 국가의 명령에 복종하면 5·18 같은 비극은 언제든 다시 일어날 수 있다. 이것이 우리가 5·18 민주화 운동을 기억해야 하는 이유다.

항쟁의 마지막까지 도청에 남은 이들이 있었다. 문재인 대통령은 "나라면 그날 도청에 남을 수 있었을까?"라고 자문하면서 "그 대답이 무엇이든 스스로에게 물어보는 시간을 가졌다면, 우리는 그날의 희생자들에게 응답한 것"이라고 표현했다. 도청에 끝까지 남은 까닭은 군부 쿠데타에 맞서 주권자의 권리를 회복하기 위해서였고, 비인권적 폭력에 맞서 인간의 존엄성을 지키기 위해서였다. 그것이 민주화 운동과 인권 운동으로서 5·18의 정신이기도 하다.

시민군 대변인 윤상원은 "우리가 비록 저들의 총탄에 죽는다고 할지라도 그것이 우리가 영원히 사는 길입니다"라고 했다. 끝까지 도청을 지킨 사람들은 이길 수 있다고 자신해서 도청에 남은 게 결코 아니었다. 패배가 뻔히 보였지만 남았다. 그리고 이겨서가 아니라 잘 졌기 때문에 영원히 기억되는 것이다. 살기 위해 인간으로서의 존엄을 포기할 것이냐, 존엄을 위해 죽음을 무릅쓰고 저항할 것이냐? 그들이 후자를 선택하면서 그들의 죽음은 숭고한 역사가 됐다.

마르지 않을 5월 정신

광주의 진실을 부르짖으며 목숨을 바친 청년이 있었다. 1980년 김의기(서강대학교 학생), 김종태(노동자), 1981년 김태훈(서울대학교 학생), 1982년 박관현(전남대학교 학생), 1985년 홍기일(노동자), 송광영(경원대학교 학생), 장이기(청주대학교 학생), 1986년 이동수(서울대학교 학생), 강상철(사회운동가), 1987년 표정두(노동자), 황보영국(노동자), 박태영(목포대학교 학생), 1988년 조성만(서울대학교 학생), 최덕수(단국대학교 학생), 박래전(숭실대학교 학생) 등 20~30대 청년이 목숨을 바쳤다. 산 자가 죽은 자를 따라 목숨을 던지는 것으로 망자(亡子)의 싸움을 계승했다.

> 사랑도 명예도 이름도 남김 없이
>
> 한평생 나가자던 뜨거운 맹세
>
> 세월은 흘러가도 산천은 안다
>
> 깨어나서 외치는 뜨거운 함성
>
> 앞서서 나가니 산 자여 따르라
>
> 앞서서 나가니 산 자여 따르라

5·18 기념식에서 빠지지 않고 불리는 〈임을 위한 행진곡〉이다. 〈임을 위한 행진곡〉을 캄보디아어, 태국어, 일본어, 중국어, 영어 등으로 번역해 부른다는 사실을 아는가? 5·18은 아시아

파송송

〈임을 위한 행진곡〉

민주화 이후 명예 회복이 됐지만, 이후에도 5·18을 대하는 태도는 매끄럽지 않았다. 한때 보수 정권에서 〈임을 위한 행진곡〉을 기념식 제창곡으로 부르지 못하게 했다. 국가 기념일이라 마지못해 기념식을 열긴 했지만, 보수 정권 입장에선 마뜩지 않았던 것이다.

의 민주주의에 영향을 미쳤다. 1986년 일어난 필리핀의 피플 파워(People Power) 혁명이 대표적이다. 피플 파워 혁명을 계기로 1980년대 중반부터 아시아는 본격적인 민주화 국면으로 진입했다. 1989년 중국의 천안문 사건 때도, 홍콩·이집트 등의 민주화 운동 때도 5·18은 소환됐다. 그들은 5·18의 의미와 저력을 잘 알았기에 〈임을 위한 행진곡〉을 불렀다.

우리나라의 시민운동이 강한 이유는 독재와 싸워 승리한 경험이 있어서다. 그 기억의 중심에 5·18과 6월 민주 항쟁이 있다. 5월 광주는 우리나라 민주주의의 '마르지 않는 샘'이자 '시들지 않는 꽃'이다. 2016~2017년 겨울에 촛불을 들고 민주주의를 외쳤던 사람들의 가슴에도 5·18과 6월 민주 항쟁이 있었다. 광주가 건넨 촛불이 6월 민주 항쟁을 거쳐 2017년 광화문까지 이어졌다. 보이지 않는 촛불의 연대였다.

"오늘 우리들은 패배할 것입니다. 이곳에 남은 사람들은 모두 죽을 겁니다. 그러나 내일의 역사는 우리를 승리자로 만들 겁니다. 여러분은 살아남아 역사의 증인이 되어주십시오. 내일부터는 여러분이 싸워주십시오." 항쟁의 마지막 날(1980년

5월 26일) 윤상원은 도청에 머물던 청소년에게 집으로 돌아가 달라며 그렇게 말했다. '여러분'은 그때 전남도청에 남았던 청소년만을 가리키지 않는다. 바로 너와 나를 가리킨다. 1980년 광주부터 2016~2017년 광화문까지, 들풀 같은 사람들이 '역사의 증인'이 되어 민주주의의 촛불을 밝혔다.

5월 광주는 어디에나 있다

2009년 1월 20일 테러 진압을 임무로 하는 경찰 특공대가 한 건물에 진입했다. 동시에 옥상에서도 경찰 헬기를 이용해 특공대가 투입됐다. 진압 작전은 한 시간 반 만에 종료됐다. 건물에 있던 다섯 명이 죽었고 특공대원 한 명이 목숨을 잃었다. 건물 안에 있던 이들은 테러리스트가 아니라 농성자였다. 용산 4구역 상가 세입자였다. 당시 그곳은 재개발 구역으로 철거가 한창 진행되고 있었다. 제대로 된 보상 없이 쫓겨나게 된 세입자들이 용산구 남일당 건물에 모여 농성 중이었다.

저건 광주잖아. 그러니까 광주는 고립된 것, 힘으로 짓밟힌 것, 훼손된 것, 훼손되지 말았어야 했던 것의 다른 이름이었다.

소설가 한강은 5·18을 다룬 소설 《소년이 온다》의 에필로그(207쪽)에서 용산 참사를 보며 광주를 떠올렸다고 고백했다. 용산 참사처럼 시민이 국가 폭력에 짓밟히는 일이 오늘도 세계 도처에서 벌어지고 있다. 2021년에는 미얀마에서 군사 쿠데타가 벌어져 군경이 민주화를 요구하는 시위대를 향해 발포했다. 미얀마의 상황은 40년 전 광주와 너무도 똑같았다. 미얀마는 또 다른 광주였다.

국가 폭력이 존재하는 한 5·18은 영원히 끝나지 않을 것이다. '5월 광주'는 되돌아와 우리에게 국가 폭력에 맞서는 이들과 연대할 것을 명령한다. 고통받는 얼굴과 마주쳤을 때 우리는 손을 내밀어야 한다. 철학자 야스퍼스는 《죄의 문제》에서 "타인의 살해를 저지하기 위해 생명을 바치지 않고 팔짱만 긴채 보고만 있었다면 바로 내 자신에게 죄가 있다고 생각한다. 그러한 일이 벌어진 뒤에도 아직 내가 살아 있다는 것은 씻을 수 없는 죄가 되어 나를 뒤덮는다"라고 했다. 연대는 선택이 아니라 의무다.

우리 모두는 거대한 사슬로 엮여 있다. 1986년 필리핀에서 이뤄진 독재자 마르코스의 축출은 이듬해 1987년 우리나라에서 일어난 6월 민주 항쟁에 영향을 주었다. 민주주의의 선순환이다. 모든 건 이어져 있고 서로 영향을 주고받는다. 우리 눈에 그 관계가 잘 보이지 않을 뿐이다. 나와 상관없는 일이란 없다. "앞서서 나가니 산 자여 따르라"라는 가사처럼 이제 우리가 그들을 따라 역사 속으로 걸어 들어가야 한다. 목숨을 던지자는 게 아니라, 정치와 사회와 세계에서 눈 돌리지 말고 역사의 주체로서 뚜벅뚜벅 걸어가자는 것이다.

참고 문헌

단행본

강인철, 《5·18 광주 커뮤니타스》, 사람의무늬, 2020

고수산나, 《청소년을 위한 광주 5·18》, 한겨레출판, 2021

광주광역시 5·18사료편찬위원회, 《5·18 광주 민중항쟁》, 1997

광주광역시 5·18사료편찬위원회, 《5·18 민중항쟁사》, 2001

김대령, 《역사로서의 5·18》 1~4, 비봉출판사, 2013

김삼웅, 《꺼지지 않는 오월의 불꽃-5·18 광주혈사》, 두레, 2020

김상봉, 《철학의 헌정》, 길, 2015

김상윤 외, 《녹두서점의 오월》, 한겨레출판, 2019

김상집, 《윤상원 평전》, 동녘, 2021

김영택, 《10일간의 취재 수첩》, 사계절, 1988

김영택, 《5월 18일, 광주-광주민중항쟁, 그 원인과 전개과정》, 역사공간, 2010

김정인 외, 《너와 나의 5·18》, 오월의봄, 2019

김정한, 《1980 대중 봉기의 민주주의》, 후마니타스, 2021

김진경, 《5·18 민중항쟁》, 민주화운동기념사업회, 2004

김철원, 《그들의 광주-광주항쟁과 유월항쟁을 잇다》, 한울, 2017

나간채, 《광주항쟁 부활의 역사 만들기》, 한울, 2013

노영기, 《그들의 5·18-정치군인들은 어떻게 움직였나》, 푸른역사, 2020

마영신, 《아무리 얘기해도》, 창비, 2020

박호재 외, 《윤상원 평전》, 풀빛, 2007

서중석 외, 《서중석의 현대사 이야기 16-광주 항쟁, 한국 사회를 뒤흔든 시민 항쟁》, 오월의봄, 2019

오승용 외, 《5·18 왜곡의 기원과 진실》, 5·18기념재단, 2012

이계형, 《왜 5·18 민주화 운동이 일어났을까?》, 자음과모음, 2013

이진경, 《대중과 흐름》, 그린비, 2012

임광호 외, 《5월 18일, 맑음》, 창비, 2019

정상용 외, 《광주 민중항쟁》, 돌베개, 1990

정해구 외, 《광주 민중항쟁 연구》, 사계절, 1990

조정환, 《공통도시》, 갈무리, 2010

조지 카치아피카스 지음, 원영수 옮김, 《아시아의 민중봉기》, 오월의봄, 2015

조지 카치아피카스 지음, 원영수 옮김, 《한국의 민중봉기》, 오월의봄, 2015

조희연 외, 《5·18 민중항쟁에 대한 새로운 성찰적 시선》, 한울, 2009

최영태 외, 《5·18 그리고 역사》, 길, 2008

최정운 외, 《무한텍스트로서의 5·18》, 문학과지성사, 2020

최정운, 《오월의 사회과학》, 오월의봄, 2012

폴 코트라이트 지음, 최용주 옮김, 《5·18 푸른 눈의 증인》, 한림출판사, 2020

학술단체협의회, 《5·18 민주화 운동의 국제적 비교와 시민의식》, 5·18기념재단, 2015

학술단체협의회, 《6월 민주항쟁과 한국사회 10년 1》, 당대, 1997

한국사회학회, 《세계화 시대의 인권과 사회운동-5·18 광주민주화운동의 재조명》, 나남, 1998

한국현대사사료연구소, 《광주 5월 민중항쟁》, 풀빛, 1990

한홍구, 《5·18 민주화 운동》, 창비, 2020

한홍구, 《유신》, 한겨레출판, 2014

한홍구, 《지금 이 순간의 역사》, 한겨레출판, 2010

황석영 외, 《죽음을 넘어 시대의 어둠을 넘어》, 창비, 2017

논문 및 보고서

강인철, 〈변혁의 리미널리티와 해방의 커뮤니타스-광주 항쟁에 대한 새로운 접근〉, 《신학전망》, 2019

곽송연, 〈정치적 학살의 정당화 담론 연구-5·18 당시 국가의 지역주의 담론을 중심으로〉, 《민주주의와 인권》, 2016

국방부과거사진상규명위원회, 〈12·12, 5·17, 5·18 조사결과보고서〉, 2007

김기성, 〈오월 광주공동체와 항쟁의 힘〉, 《감성연구》, 2021

김동춘, 〈5·18, 6월항쟁 그리고 정치적 민주화〉, 《5·18 민중항쟁사》, 2001

김명희, 〈5·18 자살의 계보학-치유되지 않은 5월〉, 《경제와 사회》, 2020

김상윤, 〈광주 5월 민중항쟁의 전개 과정〉, 《향토문화》, 2002

김용철, 〈한국의 민주화운동과 민주화-성공과 좌절〉, 《민주주의와 인권》, 2015

김정한, 〈5·18 광주 항쟁에서 시민군의 주체성〉, 《사회과학연구》, 2010

김희송 외, 〈열흘간의 항쟁 체험과 시민의식의 변화〉, 《시민사회와 NGO》, 2014

김희송, 〈5·18 가짜뉴스의 기원과 실태에 관한 연구〉, 《NGO 연구》, 2019

박경섭, 〈항쟁의 에토스와 공동체-1980년 5월 광주의 마음을 찾아서〉, 《한국언론정보학회》, 2015

박용수, 〈5·18 가짜뉴스 확산실태와 대응방안〉, 2018

박원곤, 〈5·18 광주 민주화항쟁과 미국의 대응〉, 《한국정치학회》, 2011

배성인, 〈보수 세력의 5·18광주항쟁 타자화〉, 2014

손호철, 〈'5·18 광주 민중항쟁'의 재조명〉, 《이론》, 1995

유경남, 〈광주 5월 항쟁 시기 '광주'의 표상(表象)과 '광주민주시민'의 형성〉, 《역사학연구》, 2009

이동윤 외, 〈민주화 과정에서 저항폭력의 정당성-5·18 광주시민군의 무장투쟁을 중심으로〉, 《민주주의와 인권》, 2008

이삼성, 〈광주 학살, 미국·신군부의 협조와 공모〉, 《역사비평》, 1996

이연선, 〈5·18 민주화 운동에 관한 고교 역사교과서의 서술과 학생의 인식〉, 《인문학술》, 2020

이영진, 〈부끄러움과 전향 – 오월 광주와 한국사회〉, 《민주주의와 인권》, 2016

임칠성 외, 〈5·18 항쟁 관련 유인물과 성명서 어휘의 계량 연구〉, 《민주주의와 인권》, 2004

임혁백, 〈1980년 5월과 광장 민주주의〉, 《5·18과 광장 민주주의》, 2021

전동진, 〈열흘 공동체의 중성성과 오월 언어의 지향성〉, 《한국문학이론과 비평》, 2020

정문영, 〈'부끄러움'과 '남은 자들'–최후항전을 이해하는 두 개의 키워드〉, 《민주주의와 인권》, 2012

지충남, 〈광주 항쟁 40주년, 역사적 진실에 대한 고찰〉, 《광장》, 2021

최영태, 〈5·18 광주 민중항쟁의 기억과 교육〉, 《민주주의와 인권》, 2010

최정기, 〈'5·18' 왜곡과 '김대중 내란음모' 조작사건〉, 《민주주의와 인권》, 2020

최정기, 〈5·18 국가폭력 및 민중항쟁과 기억전쟁〉, 《민주주의와 인권》, 2020

최정기, 〈국가 폭력과 대중들의 자생적 저항〉, 《기억과 전망》, 2002

허윤철 외, 〈한국 언론과 5·18 광주민주화운동 담론〉, 《한국언론정보학회》, 2012

5·18 민주화 운동 연표

기

1960년	4월 19일	4·19 혁명
1961년	5월 16일	5·16 군사 쿠데타, 제2공화국 무너뜨림
	7월 3일	박정희, 국가재건최고회의 의장으로 선출
1962년	3월 24일	박정희, 대통령 권한 대행 취임
1963년	10월 15일	박정희 제5대 대통령 당선, 제3공화국 출범
1967년	5월 3일	박정희 제6대 대통령 당선
1969년	9월 14일	박정희, 3선이 가능하도록 헌법 개정(3선 개헌)
1971년	4월 27일	박정희 제7대 대통령 당선

1972년	10월 17일	유신 헌법 선포
	12월 23일	박정희 제8대 대통령 당선
1974년	1월 8일	긴급 조치 1호 발표
1975년	5월 13일	긴급 조치 9호 발표
1978년	7월 6일	박정희 제9대 대통령 당선
1979년	8월 9일	YH 노동자 170여 명, 회사의 폐업을 막아 달라며 신민당사에서 농성
	9월 20일	서울대생 1천여 명, 학원민주화선언 낭독 뒤 경찰과 투석전
	9월 26일	고려대, 연세대, 이화여대 등 수천 명 유신철폐 외치며 시위
	10월 4일	김영삼, 국회 의원직 박탈
	10월 16일	부마 항쟁 시작, 부산대생 5천여 명 유신철폐 외치며 시내 진출
	10월 18일	부산대·동아대생, 시민과 합세 대대적 시위

	10월 26일	박정희 대통령 피살(10·26 사태)
	10월 27일	제주도를 제외한 전국에 비상 계엄령 선포
	11월 24일	민청, '통일주체대의원대회에 의한 대통령 보궐선거 저지를 위한 국민대회' 개최
	12월 12일	12·12 군사반란
1980년	2월 7일	계엄사, 언론 검열 지침 발표
	4월 9일	청계피복노조 소속 노동자 160여 명, 임금 인상 및 노동 3권 요구하며 철야 농성
	4월 14일	서울형사지법, '남조선민족해방전선(남민전)' 사건 관련자 8명에게 사형 구형
	4월 21일	강원대 사북읍 동원탄좌 소속 광부 7백여 명, 임금 인상 문제로 농성 중 경찰과 충돌하며 유혈 사태 발생(사북 사태)
	4월 30일	계엄 사령부, 전국 지휘관회의 개최. '노사 분규, 학원 소유, 정치인의 학내 집회 금지'를 공포
	5월 3일	'전국민주노동자연맹(전민노련)' 창립
	5월 13일	서울 6개 대학생 2천여 명, 광화문에서 계엄 철폐 외치며 야간 시위

5월 14일	전국 27개 대학 총학생회장단, '시국에 관한 합의문' 발표
	서울 시내 21개 대학과 지방 11개 대학생 10만 명, 계엄 철폐를 요구하며 가두시위
5월 15일	서울 30개 대학 10여만 명, 서울역 광장에 모여 계엄 해제 요구 야간 시위
5월 16일	전국 총학생회장단, 가두시위 일단 중단하기로 결의

승

5월 17일	비상 계엄령 전국으로 확대, 18일 0시를 기해 국가원수 비방 금지, 정치 활동 중지, 대학 휴교 등 계엄 포고령 10호 발표
	계엄사, 내란 음모 혐의로 김대중 등 33명 구속
	전국대학총학생회장단 전부 검거
5월 18일	계엄군에 의해 전남대생 교문 앞에서 등교 저지당함, 계엄군의 곤봉 세례로 학생들 피를 흘리며 쓰러짐
	유동 삼거리에 공수 부대가 등장해 진압 작전 시작
5월 19일	증파된 11여단 병력, 광주역 도착
	시민들 금남로에서 공수 부대를 향해 투석전 전개
	조선대로 철수했던 공수 부대 다시 투입되어 무리한 진압 작전 전개
5월 20일	금남로에서 2백여 대의 택시가 경적으로 울리며 차량 시위 주도

	도청을 향하는 시민들이 금남로·충장로·노동청 방면에서 공수 부대와 충돌
	계엄 아래에서 언론이 공수 부대의 과잉 진압을 제대로 보도하지 않자 시민들 거세게 항의하며 광주 MBC 건물 방화
	광주역 광장에서 계엄군의 발포로 시민 2명 사망
	계엄 사령관, 담화문 발표. 광주 지역의 상황을 난동으로 규정
5월 21일	광주 KBS 건물 방화
	실탄 지급받은 공수 부대의 사격 시작
	시민들 군용트럭·장갑차 획득, 무기고에서 소총 등 확보. 무장한 시위대가 도청 앞에서 시가전 전개
	공수 부대, 도청에서 조선대로 철수

전

	도청 광장에 시민들 집결
	군용헬기 공중 선회하며 "폭도들에게 알린다"는 내용의 전단 살포
5월 22일	시민수습위 대표 8명, 상무대 계엄 분소 방문해서 7개 항의 수습안 전달
	계엄사, 김대중이 학생 시위를 배후 조종했다는 중간 수사 결과 발표
5월 23일	학생수습위 총기 회수 시작
	제1차 민주수호 범시민궐기대회 개최
	워컴 한미 연합군 사령관, 연합사 소속 병력의 시위 진압 동원에 동의

5월 24일	제2차 민주수호 범시민궐기대회 개최
5월 25일	제3차 민주수호 범시민궐기대회 개최
5월 26일	시민수습대책위원들, 계엄군의 시내 진입 저지를 위해 죽음의 행진 감행 제4차 민주수호 범시민궐기대회 개최(오전) 제5차 민주수호 범시민궐기대회 개최(오후)
5월 27일	탱크를 앞세운 계엄군 시내로 진입, "지금 계엄군이 쳐들어오고 있습니다. (…) 여러분, 우리를 잊지 말아 주십시오."라는 애절한 시내 가두 방송 계엄군, 도청을 비롯한 광주 시내 장악하고 진압 작전 종료
5월 30일	서강대생 김의기, 서울 종로 5가 기독교회관 옥상에서 5·18과 관련하여 유서를 살포한 후 투신
5월 31일	대통령 자문 기구로 '국가보위비상대책위원회(국보위)'를 신설하고 상임위원장에 전두환 중앙정보부장 임명
6월 9일	국보위, 악성 유언비어 유포 혐의로 언론인들 구속
7월 9일	국보위, 사회 정화 일환으로 고위 공무원 232명 숙청
7월 15일	국보위, 3급 이하 공무원 4760명 숙청

7월 22일	정부, 127개 산하 기관의 임직원 1819명 숙청
7월 31일	문공부, 주간지 15, 월간지 104, 격월간지 13, 계간지 16, 연간지 24종 등 모두 172종의 정기 간행물에 대해 등록 취소. 전국 언론기관에서 해직당한 언론인 715명
8월 4일	국보위, '사회악 일소를 위한 특별조치' 발표
8월 16일	최규하 대통령 사임
8월 21일	전국 주요 지휘관 회의에서 전두환을 국가 원수로 추대하기로 결의
8월 27일	통일주체 국민회의, 전두환을 제11대 대통령으로 선출
9월 17일	육본 계엄보통군법회의, 내란음모 사건으로 기소된 김대중에게 사형 선고
9월 25일	국회와 정당 해산, 정치인 규제 등의 특별법 제정
9월 29일	전두환, 간접 선거·대통령 7년 단임 등을 골자로 하는 헌법 개정안 발의 공고
10월 13일	국보위, 사회악 사범 4만 6천여 명을 검거해서 2천여 명을 재판에 회부하고 나머지는 삼청 교육을 실시했다고 발표

	10월 22일	국민 투표에서 투표율 95.5%, 찬성 91.6%로 제5공화국 헌법 확정
	10월 27일	정부가 제5공화국 헌법을 공포함으로써 국회, 정당 자동 해산. 국보위가 국회를 대신하는 국가보위입법회의법 의결.
	11월 12일	정치풍토쇄신위, 정치 활동 규제 대상자 811명(국회의원 210명, 정당 간부 254명 등) 발표
	11월 15일	정부, 언론 통폐합 발표
	11월 22일	286명에 대한 정치 활동 규제 해제
	12월 5일	정치풍토쇄신위, 567명의 정치 피규제자 발표 후 해체
	12월 9일	광주 미문화원 방화 사건
1981년	1월 15일	민주정의당 창당. 전두환 대통령을 초대 총재로 선출하고 제12대 대통령 후보로 지명
	1월 23일	대법원, 김대중 사건 관련 피고인 12명에 대해 상고 기각. 사형 등 원심 판결 확정
	2월 25일	대통령 선거인단 재적인원 5278명 중 4755표를 얻어 전두환이 제12대 대통령에 당선

	3월 3일	전두환 12대 대통령 취임, 제5공화국 출범. 정부, 5공화국 출범 특사로 광주, 부마 사태 및 민청학련 관련자 등 5221명을 사면·복권·감형 조치

결

1982년	3월 18일	부산 미문화원 방화 사건
	4월 22일	강원대생 100여 명, 성조기 태우며 반미 시위
	5월 19일	5·18 대책위원회 발족, 구속자 석방 요구
	8월 10일	부산 미문화원 방화 사건 관련자 사형 선고
	10월 23일	김대중 형집행정지로 석방, 미국 길에 오름
	11월 20일	광주 미문화원 제2차 방화 사건
1983년	9월 22일	대구 미문화원 폭발 사건
	9월 30일	'민주화운동전국청년연합회(민청련)' 결성
1984년	5월 17일	서울 17개 대학 등 전국 26개 대학, 광주민주화운동 4주기 관련 시위

1985년	4월 17일	전국 23개 대학생 1천 2백여 명, 고려대에서 '전국학생총연합회(전학련)' 결성
	5월 17일	전국 80여 개 대학 3만 8천여 명, 광주 진상 규명 요구하며 시위
	5월 23일	서울대·연세대 등 5개 대학생 73명, 서울 미문화원 점거하고 광주 항쟁에 관한 미국의 사과를 요구하며 단식 농성
	6월 7일	전학련, 서울대에서 8천여 명이 참가한 가운데 '광주 항쟁 및 군부 독재에 대한 범국민 자유토론회' 개최
1986년	2월 12일	신민당과 민추협, 1000만 개헌 서명 운동 시작
	3월 1일	천주교 서울대교구, 125개 성당서 '정의와 평화를 간구하는 시국 기도회' 시작
	5월 21일	서울대·고려대생 21명, 부산 미문화원 점거
	7월 2일	부천에서 성고문 사건 알려짐. 인천 지역 구속자 가족 30여 명 문귀동 형사의 성고문에 항의 농성
	10월 28일	25개 대학생 2천여 명, 건국대에서 '전국반외세독재애국학생투쟁연합(애학투련)' 발대식 후 시위 중 경찰에 밀려 철야 농성(건대 사태)
1987년	1월 14일	오전 11시 20분경 남영동 치안본부 대공수사 2단에서 조사를 받던 박종철 사망

1월 15일	치안본부, 단순 쇼크사로 사인 발표
1월 19일	치안본부, 물고문 사실을 공식 시인
1월 23일	전국 17개 대학생 1천여 명 교내에서 박종철 군 추모제를 지낸 후 가두시위
3월 3일	'박종철 군 49제와 고문추방 국민대행진'이 경찰의 원천 봉쇄로 저지되자, 전국 각지에서 대규모 거리 시위
4월 13일	전두환 대통령, 특별 담화를 통해 '개헌 논의 유보' 발표
5월 27일	민주당·종교계·재야단체 등 발기인 2191명, '민주헌법쟁취국민운동본부(국본)' 발대식 거행
6월 10일	경찰의 원천 봉쇄에도 불구하고 전국 24개 지역 50여만 명이 가두시위에 참여(6월 민주 항쟁)
6월 11일	서울·부산·대전 등 전국 대도시 시위 지속
6월 12일	명동 성당에서 3일째 철야 농성. 명동 성당 주변에서 회사원·시민 등 1천여 명이 '호헌철폐'를 외치며 시위
6월 18일	'최루탄 추방대회' 개최, 전국 150만 명 참가
6월 29일	노태우 민정당 대표, 직선제 개헌 등을 담은 특별 선언 발표(6·29 선언)

1988년	6월 4일	숭실대 학생 박래전, "광주는 살아 있다!"라고 외치며 분신자살
1988~1989년		국회 광주특위 5·18 청문회
1995년	11월 30일	검찰, '12·12 사건 및 5·18 사건' 특별수사본부 출범
1997년	4월 17일	전두환, 내란 목적 살인 및 내란·반란 수괴 혐의 등으로 무기징역 선고
	5월 18일	5·18 민주화운동, 국가 기념일 지정